Secrets of Premium Brand

프리미엄 브랜드의 비밀

Secrets of Premium Brand

P

프리미엄 브랜드의 비밀

서 용 구

서울경제경영

A
E
D
I

PREFACE

머리말

〈시장 양극화〉 현상이 날로 심해지고 있습니다. 〈시장 양극화〉란 소득과 소비 모두 양극화되는 현상을 말합니다. 특히 소비재 시장에서 '프리미엄 시장'과 '저가시장'은 날로 커지는 반면에 중가 '대중시장'은 위축되는 현상이 이제는 거대한 트렌드Trend로 정착되고 있습니다.

소비 양극화의 배경에는 수십 가지 이유가 있지만 세계 공장으로 변한 중국, 대형마트와 같은 글로벌 저가 소매업의 급성장, 자산 가치 증가와 소비자의 수준 향상 그리고 '부분 사치' 현상 등이 몇 가지 중요한 이유들입니다. 따라서 이제는 개인과 조직 그리고 상품의 프리미엄화가 생존 공식이 되고 있습니다. 이 같은 트렌드에 우리들이 대응할 수 있는 전략은 '프리미엄 플레이어'가 되는 것입니다.

본서는 시장 양극화 트렌드에 대응하여 어떻게 〈프리미엄 플레이어〉가 될 수 있는지를 고심하여 독자 여러분에게 프리미엄 개인, 기업, 제품, 도시 브랜드가 되는 방안을 구체적으로 안내하고자 하는 희망에서 집필되었습니다. 1장 〈프리미엄 브랜드〉에서는 프리미엄 브랜드의 개념을 소개하고 왜 소비자들이 프리미엄 브랜드에 열광하는 지 그 이유를 말해줍니다. 2장 〈프리미엄 브랜드의 진화〉에서는 이제는 '프리미엄 서비스'로 그리고 '호스피탈리티 브랜드'로 진화하고 발전하고 있는 다양한 기업 사례들을 보여 주고 있습니다. 3장 〈브랜드 레버리지〉와 4장 〈브랜드 확장〉은 일종의 '브랜드 스트레칭'이라고 생각하시면 되겠습니다. 어떻게 하면 가장 저렴한 비용으로 소비자 마음속에 존재하는 우리 브랜드의 현 위치를 상승시킬 수 있는지 그 구체적인 전략대안들을 다양한 사례들과 함께 설명해 주고 있습니다. 그리고 5장 〈리브랜딩〉은 브랜드 노화에 대응하여 100년 장수 브랜드가 될 수 있는 리뉴얼 전략을 설명해 주고 있습니다. 부디 본서가 독자 여러분의 브랜드를 〈프리미엄 플레이어

〉Premium Player로 업그레이드 시키는 데 일조할 수 있기를 기대해 봅니다.

마지막으로 이 자리를 빌어서 표지 디자인을 만들어주신 〈이모션 브랜드〉의 차재헌 대표, 필자의 캐릭터를 개발해 주신 〈경민대학〉 카툰 애니메이션과 김상돈 교수, 그리고 사례 개발에 일조한 〈숙대〉 구인경 박사, 안세라, 이선정, 곽지현 조교 그리고 열정과 서번트 리더십으로 스피드 출판을 가능케 해주신 〈서울경제경영〉 김은중 대표께 깊은 감사를 드립니다.

〈시장 양극화〉가 날로 심해지고 있는 2009년 봄
청파동 숙대 연구실에서 저자

프리미엄 브랜드의 비밀

CONTENTS

CONTENTS

CONTENTS

목 차

CHAPTER 01

프리미엄 브랜드

1.1 프리미엄 브랜드의 탄생

1.2 왜 소비자는 프리미엄 브랜드에 열광하는가?

Premium Brand : A near perfect combination of content and design.

- Tim Sanders, Vice President of Yahoo

A
E
D
I

01 프리미엄 브랜드

1.1 >> 프리미엄 브랜드의 탄생

1) 프리미엄 브랜드란 무엇인가?

우리나라에서 프리미엄 브랜드의 개념과 가장 유사하게 많이 사용되는 단어는 '名品'이다. 백화점과 면세점등에 자리 잡은 수입 명품관, 인터넷의 수입 명품 사이트, 이런 저런 광고에 흔하게 등장하는 명품이란 '아우라' aura가 강하게 발생하는 아우라 브랜드이다.

명품이라는 단어의 사전적 의미는 '훌륭하여 이름이 난 물품이나 작품'이다. 명품은 본래 특별하게 만들어진 작품masterpiece 또는 훌륭한 물건이라는 의미를 지니고 있다. 이는 하나하나가 사람의 손에 직접 공들여 만들어진 것으로 오랜 역사와 전통을 가진 예술품 수준의 상품을 말한다. 일본에서도 명품이란 장인이 만든 훌륭한 물건을 일컫는 말로 사용되며 고급 브랜드 이상의 가치를 가지고 있는 귀한 물건을 의미한다. 미국에서는 유럽과 일본에 비하여 대량 생산 방식에 의해 만들어진 상품들을 보다 후하게 평가하여 명품masterpiece같은 용어 대신 최고급품High-end Product, 프리미엄 상품Premium Product이라는 용어를 보다 자주 사용하고 있다.

마케팅 측면에서 보면 단지 가격이 비싸거나, 최첨단의 기능을 갖추었거나 또는 희소하거나 하는 정도로는 부족하며 소비자들이 해당 제품 카테고리에서 평균 제품보다 최소 2배 이상의 가치를 느낄 수 있어야 비로소 프리미엄 브랜드라고 할 수 있다. 소비 시장은 가격대로 보면 디스카운트 시장과 대중시장 그리고 프리미엄 시장, 크게 3개 시장으로 대별할 수 있다. 이중에서 대중시장보다 프리미엄 가격을 받는 프리미엄 시장에 속하는 브랜드는 대중 시장 평균가격보다 30% 이상의 가격을 받는 업마켓up-market 브랜드, 2배 이상의 가격을 받는 프리미엄 브랜드premium brand 그리고 5배 이상의 소매가격을 가지고 있는 럭셔리 브랜드luxury brand로 다시 구분할 수 있다.

이 같은 프리미엄 시장 분류를 감안하여 필자는 프리미엄 시장을 이상 세 유형의 아우라 브랜드가 속해있는 시장이라고 보다 관대하게 정의하고자 한다. 그리고 향후 주로 논의하는 프리미엄 브랜드란 명품이라고 불리는 '럭셔리 브랜드' 와 대중 브랜드 평균보다 2배 이상의 소매가격을 형성하고 있는 '프리미엄 브랜드'를 합하여 지칭하는 것으로 이해해 주기 바란다.

비그네론과 존슨Vigneron and Johnson(1999)은 프리미엄 브랜드란 특별한 사회경제학적 틀에서 다양한 기준들을 만족시키고 있는 브랜드라고 정의하고 있다. 이들 연구에서는 프리미엄 브랜드와 일반 브랜드 사이의 가장 뚜렷한 차이를 다음과 같은 네 가지 소비자 가치 기준에서 찾을 수 있다고 주장한다.

첫째, 프리미엄 브랜드는 독특한 가치Unique Value를 가진다. 모든 사람이 고급 제품을 구매하거나 소비할 수 있다면 그 상품은 더 이상 프리미엄 브랜드가 될 수 없다. 반대로 '대중 상품'이란 바로 일반 모든 사람이 구매하거나 소비할 수 있는 상품인 것이다.

둘째, 프리미엄 브랜드는 사회적 가치Social Value를 가진다. 사회적 가치란 그 상품을 구매하거나 소비하는 행위가 그 상품이 제공하는 본연의 가치 이상의 의미를 가지고 있다고 사회 구성원이 합의하고 있다는 것을 뜻한다. 예를 들어 누군가가 검은 색 고급차를 타고 갈 때, 그 차를 보고 '배기량이 큰 차'나 '빠른 차'라는 의미를 떠올리기 보다는 '돈 많은 사람' 또는 '권력자'의 의미를 떠올리는 사람이 더 많은 경우가 대표적이다. 그것은 우리나라 사회 구성원 사이에는 '검정 대형 고급세단' = '돈' 또는 '권력' 이라는 사회적 합의가 이루어져 있기 때문이라고 할 수 있다. 프리미엄 브랜드는 자기 과시적인 가치Conspicuous Value를 가진다. 프리미엄 브랜드를 구매하고 소비하는 것은 그 자체가 지위와 부의 상징으로 간주된다. 예를 들어 고급 대형 TV나 고급 승용차를 소유하고 있다면 그 자체가 하나의 가치를 제공하여 TV 와 차량 그 자체의 기능이나 품질 그 이상 추가적으로 중요한 의미를 부여하게 된다는 말이다. 실제 프리미엄 브랜드의 소비자들은 상품의 실제 제품의 기능과 사양 그리고 가격 수준에는 그다지 연연하지 않지만 그 상품의 사회적 의미에는 대단히 민감하게 반응하는 경향이 있다.

셋째, 프리미엄 브랜드는 감성 가치Emotion Value를 가진다. 프리미엄 상품 은 특히 소비자의 정서적인 요구를 충족시키는 경우가 많다. 이는 이들 프리미엄 브랜드가 멋있다거나 아름답다거나 하는 심미적인 가치를 가지고 있기 때문일 것이다. 감성가치란 대단히 개인적인 취향이므로 특정 제품에 대해 모든 사람들이 감성적으로 만족할 수는 없을 것이다. 그러나 심미적 가치를 가진 프리미엄 브랜드는 대부분 상당수의 열렬한 매니아층과 이들이 형성한 강력한 소비 커뮤니티를 가지고 있을 확률이 높다.

넷째, 프리미엄 브랜드는 품질 가치Quality Value 측면에서도 우월하다. 프리미엄 가치는 부분적으로 기술 우월성을 가진 공정이 있거나 또는 대단히 섬세한 생산 과정을 거쳐 만들어진다. 그러나 프리미엄 브랜드가 기술적 우위를 추구하는 것은 그 브랜드의 '사용' 보다는 '소유' 자체가 더 중요하기 때문이다. 소비자들은 이처럼 소비 생활에서는 불필요한 수준이지만 과도한 고품질 수준에 기꺼이 만족하고 자발적으로 더 많은 금액을 지불하려고 하는 경향이 강하다.

자동차 시장의 사례를 통해 '프리미엄 브랜드' 에 대해서 생각해보자. 2006년 미국 시장조사 컨설팅 회사인 JD파워 주관으로 실시된 미국 내 상품성 만족도(승차감, 성능, 스타일) 조사 결과에 따르면 한국 현대자동차 HYUNDAI 의 그랜저(수출명: 아제라)가 대형차 부문 1위를 차지하였으며, 초기결함 지수조사(IQS)에서 독일 포르쉐 PORSCHE 와 일본 렉서스 LEXUS 에 이어 초기 결함이 가장 적은 것으로 나타났다. 그러나 이러한 세계시장을 향한 약진에도 불구하고 현대자동차는 아직까지 '적당한 값에 구입할 수 있는 고급스러운 차' 라는 이미지가 강하다. 과연 현대자동차의 그랜저 그리고 제너시스 GENESIS 를 진정한 프리미엄 브랜드라고 부를 수 있을까? 그 대답은 독자들에게 맡기겠다.

프리미엄은 대중 소비 브랜드보다는 그 이상의 무엇-

즉 일등급 가치를 제공한다는 것을 의미한다. 그리고 일등급 가치를 가진 프리미엄 제품은 시장의 평균가격을 훨씬 뛰어넘는 프리미엄 가격을 책정할 수 있게 된다. 독일의 프리미엄 자동차 브랜드들은 이것이 단순한 가설이 아니라 현실임을 증명하고 있는데, 메르세데스-벤츠 , BMW , 포르쉐 , 아우디 가 이룩한 전 세계 자동차 시장에서의 기록적인 성공이 대표적인 사례이다.

이들은 품질, 비용, 생산성, 디자인 측면에서 공격적이고 혁신적인 전략으로 전 세계 소비자들을 대상으로 프리미엄 가치를 만들어 왔다. 자동차 프리미엄에 영향을 미치는 것은 고성능뿐만 아니라 바로 '혁신성' 이다. 어떤 자동차 브랜드가 프리미엄 제품으로 인정받는 이유는 제품 자체에 있는 것이 아니라 지속적으로 유지되는 월등한 제품의 품질과 동시에 정교한 마케팅을 통해 프리미엄 브랜드라는 이미지가 입혀지기 때문이다.

프리미엄 브랜드는 럭셔리 브랜드나 대량생산 브랜드와 구별되어야 한다. 메르세데스-벤츠 는 귀족의 품위, BMW 는 달리는 즐거움, 포르쉐 는 스포츠카의 전설, 아우디 는 기술을 통한 진보로 자신들만의 독특한 프리미엄 이미지를 구축하고 있다. 다시 말하면 이상 4 개의 독일산 프리미엄 자동차 브랜드는 각각 분명한 자신들만의 브랜드 개성과 캐릭터를 보유하고 있다. 그러나 이들의 공통점은 이들이 각자가 목표하는 고객층에서 브랜드에 대한 강한 신뢰감을 구축하고 있다는 점이다.

마지막으로 프리미엄 브랜드와 대량생산 브랜드 사이의 본질적인 차이는 고객이 지닌 소망의 종류에 있다. 프리미엄 브랜드는 고객의 소망과 꿈을 충족시키고, 그를 둘러싼 사회에서 인정을 받을 수 있게 도와주는 반면에, 대량생산 브랜드는 고객의 직접적인 생활 만족을 목표로 고객이 가진 구체적이고 실제적인 효용가치를 충족시켜주려고 노력한다. 즉 프리미엄 브랜드가 '꿈' 을 팔고 있다면 대량생산 브랜드는 '제품' 을 판다고 볼 수 있겠다.

대량생산 브랜드가 프리미엄 브랜드의 길로 들어서는 것은 멀고도 험난해 보인다. 그러나 우리들이 지속적으로 제품과 기술 혁신 그리고 독창적인 디자인을 통하여 독특한 브랜드 개성을 구축하고 이를 효과적으로 커뮤니케이션한다면 프리미엄 브랜드 세계와의 간격은 줄여갈 수 있다고 본다.

유럽의 유명 컨설팅 회사인 Link Consumer Strategy가 2002년 조사 발표한 자료에 의하면 유럽의 소비자들은 특정 브랜드에 대하여 경쟁 브랜드보다 20% 더 선호하면 200%~500% 의 가격을 추가적으로 지불할 용의가 있다고 한다. 이 같은 유럽인들의 조사결과는 아시아 소비자와 미국 소비자들에게도 같은 수준으로 적용될 수 있을 것이다. 한마디로 경쟁자보다 20% 만 더 사랑받을 수 있다면 놀라운 프리미엄을 획득할 수 있는 것이다. 우리는 어떻게 소비자들에게 경쟁자보다 20% 더 사랑받을 수 있는지를 연구해 보아야 한다.

필자는 2006년 출간된 '보이지 않는 기업성장엔진' (삼성경제연구소 연구에세이)에서 프리미엄 브랜드 이미지를 구축하는 방법론으로 디자인 → 브랜드 → 명성 구축이라는 DBR 체인을 제안한 바 있다. 간단히 요약하면 프리미엄 가치는 세련된 디자인과 패키징에서 나오는 감성적 가치와 소비자 마음속에 있는 브랜드 인지도와 선호도등 보이지 않는 무형 자산인 브랜드 파워 그리고 고객 충성도와 조직 충성도를 동시에 가져다 줄 수 있는 명성 이라는 세 가지 무형가치를 얼마나 체계적으로 구축하고 관리할 수 있느냐에 달려있다.

필자는 향후 우리 기업, 조직, 그리고 대한민국이 프리미엄 브랜드로 발전하기 위해서는 고객에게 제공하는 유형의 제공물 뿐만 아니라 독특하고 차별화된 우리만의 문화와 정체성 그리고 고객 가치를 '디자인' 과 '브랜드' 그리고 '명성관리' 를 통하여 목표 고객과 지속적으로 커뮤니케이션 해야 한다고 확신하고 있다. 그리고 프리미엄을 만드는 보이지 않는 무형자산 DBR을 각각 구별된 활동으로 이해하지 말고 게슈탈트적인 시각을 가지고 하나의 유기체적인 연관관계를 가진 복합요소 즉 DBR 연결 체인으로 이해하는 인식의 전환이 필요하다고 본다.

첫 번째 과제는 먼저 디자인 리더십을 구축하여야 한다. 디자인이 창출하는 고객 가치에 주목한 최근의 많은 연구들은 기업의 '디자인 리더십' 이 비용 우위와 차별화 우위 두 가지 모두를 통하여 경쟁우위를 창조하고 있음을 말해준다. 즉 디자인 리더십을 보유한 기업의 제품은 기업에게는 생산, 유통 및 판매비용을 절감시키고, 소비자에게는 더 높은 고객 가치를 제공하여 기꺼이 가격 프리미엄을 지불하게 한다는 것이다.

두 번째 과제는 디자인 리더십을 바탕으로 고객들에게 우리 브랜드의 차별화된 정체성과 가치 즉 브랜드를 각인시켜야 한다. 공급초과, 브랜드 홍수 시대의 마케팅은 정원관리처럼 접근해야한다. 정원사가 식물이 자라기에 적합한 환경을 만들고, 성장 환경 요소를 제공하는 것처럼 21세기 마케팅은 고객들과의 관계를 강화시킬 수 있는 더 많은 기술을 익혀야 한다. 그리고 정원의 모든 식물과 동물이 서로 연결된 생태계인 것처럼 고객들과 서로 밀접하게 연결된 생태계를 이루어야 한다. 여기서 중요한 것은 정원사는 절대로 어떤 식물이 자랄 것인지와 어떤 꽃이 필 것인지에 대해 완전히 통제할 수 없다는 사실이다. 사냥감을 찾고 선택하는 사냥꾼과는 달리, 정원사는 좋은 씨를 뿌리고 이들 식물에게 영양분을 공급할 수는 있지만 자신의 의지대로 이들 식물의 성장을 직접적으로 만들 수는 없다. 정원사는 단지 식물이 스스로 성장하도록 도울 뿐이다. 여기서 정원에 뿌리는 씨가 곧 '브랜드' 인 것이다. 브랜드 이미지가 그리고 브랜드 마케팅 역량이 시장 점유율과 프리미엄 가격형성에 기여한다는 사실은 많은 실증 연구들이 뒷받침 해주고 있다.

프리미엄 브랜드를 만들기 위한 마지막 과제는 명성 구축이다. 이 단계는 가장 장시간의 노력과 최고 경영자의 관심과 철학이 반드시 수반되어야 하는 장기과제임에 틀림없다. 명성(Reputation)이란 조직 구성원, 투자자, 언론, 고객 등 조직의 다양한 이해관계자들이 오랜 시간에 걸쳐서 특정 조직에 대한 인상, 신념, 느낌, 지식과 경험들을 바탕으로 형성한 긍정적 평가로 정의할 수 있다.

예를 들어 특정 기업의 명성은 고객이 직원과의 관계에서 받았던 서비스, 그 기업이 제공하는 제품의 종류, 고객이 경쟁기업과의 관계에서 얻은 경험, 고객과 기업과의 커뮤니케이션 등 다양한 이해관계자의 경험적 요인에 의해 영향을 받는다. 그리고 기업 이미지가 주로 기업에 대한 비교적 '가장 최근 신념' 이라는 특성을 지닌 반면, 명성은 오랜 시간에 걸쳐 기업의 이해관계자들이 쌓아온 평가라고 할 수 있다. 명성이 녹아들어 있을 때 비로소 브랜드는 프리미엄 이미지의 옷을 입게 되고 자연히 브랜드 아우라가 발생하게 된다.

결론적으로 프리미엄 브랜드는 이상 설명한 DBR 프로세스를 순서대로 이행하여 경쟁자들보다 더 강력한 명성

Reputation을 구축하고 오랜 시간이 흐르면서 자연스럽게 아우라가 발생하는 브랜드로 보아야 할 것이다.

Case 01

까르띠에 Cartier

영국의 국왕 에드워드 7세는 까르띠에를 '보석 중의 왕이요, 왕가의 보석' 이라고 칭송했을 정도로 까르띠에는 치밀한 구조와 화려한 장식성을 인정받았다. 지난 150년 동안 보석, 시계, 액세서리 등의 수공예 쥬얼리 부분에 있어 독보적인 명성을 쌓아온 까르띠에는 수대에 걸친 탄탄한 전통과 수공예 장인정신의 대명사로 예술적인 유산으로서도 전 세계의 인정을 받고 있다. 프랑스와 전 세계에 예술의 중요성을 독려하는 것을 설립 이념으로 지향하고 있는 까르띠에는 지금까지 1200 피스가 넘는 아이템들을 선보여 왔다. 찰스 자끄, 모리스쿠에, 에드몬드 에거 등 최고의 디자이너와 공예가들의 손길을 거쳐 탄생한 까르띠에의 작품들은 보석 예술 및 예술품 최고의 경지로 손꼽히고 있다. 브랜드 창시자라 할 수 있는 루이 프랑수아 까르띠에가 자신의 이니셜을 딴 L과 C를 활용하여 만든 마름모꼴 디자인을 트레이드마크로 삼고 '영국 황실의 보석상' 으로 활동하면서 본격적인 명성을 얻기 시작하였다. 1929년 월가 붕괴로 인한 세계적인 대공황 속에서도 까르띠에는 판다 장신구 시리즈를 기획하여 획기적인 아이디어와 예술적 깊이가 조화를 내보이며 파워를 과시하였는데, 이는 현재 까르띠에 명품 컬렉션 중에서도 매우 중요한 부분을 차지하고 있다. 까르띠에의 대표작이라고 할 수 있는 '탱크' 시리즈 시계는 1차 세계대전의 영향을 받아 1919년 르노 장갑차의 형태를 본떠 만들었다. 시계 '탱크'는 오늘날까지 다양한 모델들을 선보이면서 현대적이고 젊음을 상징하는 시계로 평가받으면서 까르띠에가 불멸의 명성을 쌓는데 일조하였다. 이처럼 시대적, 문화적 흐름을 놓치지 않으면서 창조적이고 예술적인 쥬얼리를 선보이는 까르띠에는 수공예 장인정신의 대명사로서 그 품질과 권위를 인정받으면서 진정한 프리미엄 브랜드로서 그 성공신화를 이어가고 있다.

Case 02

샤넬
Chanel

CHANEL

20세기가 낳은 최고의 기업가이자 패션계의 빌 게이츠라 불리는 가브리엘 샤넬은 사실 아버지의 태생조차 불확실한 거리의 아이였다. 하지만 오로지 자기 노력과 재능만으로 불멸의 신화를 만들어낸 샤넬. '유행, 그것은 나다.' 라는 말을 기록으로 남길 정도로 그녀는 브랜드 혁명가이자 그 이름 자체가 살아있는 프리미엄 브랜드가 되었다. 샤넬은 새로운 시대를 향해 나아가려는 여성들에게 단순히 옷에 그치는 것이 아니라 새로운 라이프스타일을 제시하였다. 귀족적인 호화로움에 치중했던 구시대적인 의복양식 대신 여성들의 손을 자유롭게 하기 위한 숄더 디자인을 처음으로 선보였고, 손을 집어넣을 수 있는 주머니가 있는 옷을 만들었다. 샤넬 가방의 상징으로 자리 잡은 퀼팅(quilting)은 사실 가죽 손상을 드러내지 않도록 하기 위한 아이디어에서 비롯된 것이다. 이처럼 새로운 세기와 그 변화의 한복판에서 기존의 질서에 조금도 구애받지 않고 거침없고 대담한 혁신을 실행한 그녀는 '실용성' 이라는 획기적인 슬로건을 통해 브랜드 힘을 키울 수 있었다. '희소성' 이라는 프리미엄 브랜드의 조건을 충족시키기 위하여 대다수의 브랜드들이 소수의 특권층만을 위한 디자인에 치중했던 반면 샤넬은 '누구에게나 어울리는 옷' 을 만들겠다는 차별적인 의상철학을 가지고 있었다. 샤넬은 "누구도 흉내 낼 수 없는 옷은 처음부터 매력이 없는 것이다" 라고 주장하였다. 즉, 모조품들이 범람할 때 정품의 진가가 드러나며, 카피 상품들을 통해 진짜 브랜드의 가치를 끌어올릴 수 있다고 보았다. 그녀 자신의 작품을 남들이 카피하는 것을 모욕적으로 받아들이는 것이 아니라, 자신의 디자인에 대한 사랑으로 받아들였던 것이다. "패션은 변해도 스타일은 변함없다" 라는 샤넬의 명언은 또한 브랜드 일관성을 강조해주는 명언임에 틀림없다.

Case 03

루이비통 Louis Vitton

LOUIS VUITTON

프랑스 개선문에서 콩코드 광장으로 이어지는 샹제리에 거리에서는 일본 관광객들이 아침 일찍부터 한 매장 앞에 줄을 서서 기다리고 있는 특이한 풍경을 볼 수 있다. 무엇이 먼 타국에서 관광 온 이들을 이렇게 열광하게 만들었을까? 그것은 전 세계 200여 개의 매장을 가지고 여행 가방에서부터 액세서리, 스카프, 다이어리 등에 이르는 다양한 소품 및 패션을 선보이고 있는 루이비통이다. 루이비통은 대를 물려서 쓸 수 있을 정도로 튼튼하며, 유행을 타지 않는 한결같은 디자인으로 전 세계인의 사랑을 받아왔다. 멋을 아는 이들 중 진한 고동색 배경에 반복되는 꽃과 별무늬, 그리고 LV 이니셜이 겹쳐진 루이비통 모노그램 캔버스 가방을 모르는 사람은 아마 없을 것이다. 모조품을 방지하기 위하여 1896년 루이비통의 아들 죠르쥬 비통이 아버지의 이니셜 LV와 꽃과 별의 무늬를 계속 반복해서 조화시켜 만들어낸 모노그램 캔버스는 루이비통 최고의 히트 아이템으로 꼽히며 몇 세대를 지속적으로 그 명성을 이어오고 있다. 가장 프랑스적이면서도 가장 보편적인 명품으로 통하는 루이비통은 일관된 브랜드 관리를 통해 현대 명품 산업의 토대를 마련한 회사로 평가받고 있다. '150년 역사 속에 걸쳐 일관되게 관리해온 최고 품질과 디자인, 그리고 자부심' . 이것이 바로 프리미엄 브랜드인 루이비통 매장에 '루이비통' 가방을 구입하기 위하여 각국의 사람들이 넘쳐나게 하는 이유이다.

Case 04

하버드 비즈니스 스쿨 : HBS

IBM회장 루이스 거스너, P & G 회장 앨런 래플리, GM 회장 리처드 와고너 주어니의 공통점은? '미국 최고의 기업 경영자 사관학교' 라 불리는 하버드 경영대학원 출신이라는 점이다. 얼마 전 포춘이 선정한 미국 500대 기업을 이끌어가는 최고 경영진 1500명 중 300명이 하버드 MBA 출신으로 밝혀진 것과 같이 기업들 사이에서는 절대적인 신뢰의 상징이 된 브랜드 Harvard Business School. 무엇이 HBS를 프리미엄 브랜드로 만든 것일까? 1908년 하버드 대학의 고어 홀과 와이드너 도서관의 꼭대기 층에서 학생 33명과 함께 소규모로 출발한 하버드 경영대학원은 특정분야의 전문 직업인을 훈련시키는 하나의 교육과정이자 경력관리를 한다. 하버드 비즈니스 스쿨은 이러한 목적에 철저하게 부합되는 수업 방식과 브랜드 관리를 통해 대학의 구찌(Gucci)라 불릴 정도의 명성을 쌓을 수 있었다. 하버드 경영대학원의 케이스 교육 방식은 사실과 이론을 넘어서, 실제로 기업에서 일어날 수 있는 상황을 시뮬레이션을 통해 배우고, 경영자로서 어떻게 자신의 지적, 정서적 자산을 동원하여 다른 사람들과 상호작용하며 문제를 해결해 나가야 하는지를 철저하게 귀납적인 방식으로 가르친다. 하버드의 MBA 과정 학생들은 졸업하기까지의 2년 동안 약 500개의 케이스를 공부하면서 비판적이고 창의적인 생각을 할 수 있도록 훈련받는다. 게다가 철저한 상대평가를 통해 학생들을 평가하고, 하위 10% 에 들면 낙오시킨다. 결국 하버드 경영대학원은 학생들에게 일류와 최고는 어떻게 관리해야 그 명성과 품질을 유지할 수 있는가를 평생의 교훈으로 가르치는 것이다. 하버드 경영대학원은 지난 100여 년 동안 고객의 욕구를 충족시킬 수 있도록 체계적이고 치밀한 교육방법과 시스템을 구축하고 이를 일관되게 관리함으로써 초일류 브레인들을 배출하고, 리드하는 하버드 MBA만의 힘을 전 세계에 널리 전파할 수 있었다.

1.2 >> 왜 소비자는 프리미엄 브랜드에 열광하는가?

21세기 소비 패러다임은 '기능적 소비' 에서 '기호적 소비' 로 변하고 있다. 기호적 소비란 제품의 성능과 기능보다는 브랜드 이미지와 상징성을 더 중요시하는 개성 소비를 말한다. 따라서 21세기 소비자 심리를 이해하기 위해서는 경제 이론서 보다는 프로이드의 정신분석, 매슬로우의 자아실현 이론, 프롬의 성격이론등으로 대변되는 성격 심리학Personality Psychology 이론서를 공부하는 편이 보다 현명할 것이다.

전 세계적으로 1인당 GDP 5,000 달러 이상의 국가에 거주하는 중산층 소비자들이 프리미엄 브랜드에 열광하는 이유는 무엇인가? 인간은 자신이 남과 다르고 인정받고자하는 기본 욕망을 가지고 있다. 100년 전 미국 경제학자 베블런이 '유한계급론' 에서 '상층계급의 두드러진 소비는 자신의 사회적 지위를 과시하기 위해 자각없이 이루어진다' 는 가설을 제안하여 우리는 이를 '베블런 효과' 라고 한다. 따라서 21세기 절대 빈곤이 사라진 OECD 가입국 중산층 이상의 전 세계 소비자들이 소비를 통해 자신의 가치를 인정받고자 하는 프리미엄 소비를 하고자 하는 것은 오히려 자연스러운 발전이라고 볼 수 있다. 프리미엄에 브랜드에 대한 소비자 열망의 심리학을 체계적으로 분석해 보면 아래 다섯 가지로 정리할 수 있다.

1) 완벽의 갈구

프리미엄 브랜드와 프리미엄 소비의 동인을 찾으려는 연구들은 대부분 우수한 품질과 뛰어난 성능을 강조한다. 프리미엄 브랜드에서 우수한 품질은 필수조건이며 고품질을 계속 업그레이드하는 '품질 리더십'을 개발하고 유지하는 일이 중요하다.

프리미엄 브랜드는 세계 최상급 품질을 보여주는 것으로 기대되며 사치품 혹은 럭셔리 제품은 훨씬 더 좋은 품질 수준을 보여주어야만 한다. 만일 소비자가 특정 브랜드를 해당 카테고리 안에서 최고의 품질을 가진 것으로 평가한다면, 이들의 품질 지각이 그 브랜드를 프리미엄으로 각인하는데 긍정적인 역할을 할 것이다.

이처럼 소비자가 지각하는 주관적 품질 즉, 지각된 품질Perceived Quality이 완벽하고 최상이라고 인지한다면 그 제품의 디자인과 모든 다른 속성도 완벽하다고 평가할 가능성이 높다. 결국 완벽에 대한 소비자들의 갈망이 프리미엄 브랜드를 낳고 이들을 성장시키는 동인이 된다.

2) 고가격

가격이란 품질을 판단할 수 있는 요인 중 가장 구체적이고 측정이 용이한 잣대로 제품의 품질을 표시하는 신뢰할 수 있는 척도이다. 일반적으로 소비자들은 제품 품질에 대한 인식 차이가 없거나, 브랜드에 익숙하지 않은 경우, 그리고 신상품으로 지각된 위험이 큰 경우에 특히 가격을 중요한 정보단서로 이용하는 경향이 높다고 알려져 있다.

프리미엄 브랜드 소비에 있어 가격은 구매 결정에 매우 긴밀하게 연결되어 촉매 역할을 수행한다. 이것은 소비자에게 고가격이라는 특성이 고품질을 암시하기 때문이다. 실제로 높은 가격이 어떤 제품이나 서비스를 더 열광적으로 만드는 경우가 있는 것도 사람들이 높은 가격을 완벽한 품질의 가장 강력한 증거로 인식하기 때문이다.

가격-품질 스키마Price-Quality Schema가 강한 소비자일 경우 고가품일수록 구매 욕구가 더 높아지는 경향이 있다. 소비자가 자신의 경험을 통하여 가격이 품질의 정확한 예측지표라는 것을 학습하였거나 또는 스스로가 학습하였다고 믿는다면 그 소비자는 제품의 가격수준과 품질수준이 긍정적으로 연관되어 있다는 가격-품질 스키마를 가지며, 다른 소비자들과 달리 제품의 품질을 추론할 때 가격단서를 절대적 지표로서 사용하게 된다는 것이다.

가격과 브랜드 관계를 조사한 많은 연구들이 가격이 높을수록 품질이 좋을 것이라는 가격-품질 스키마는 프리미엄, 명품 브랜드일 경우 더 크게 일어난다는 결과를 보여주고 있다. 따라서 고급품 소비에 있어 가격 속성은 브랜드 명성과 함께 소비자가 인지하는 품질을 결정하는 양대 기둥으로서의 역할을 하게 된다.

3) 소비자 혁신성

소비자 혁신성Consumer Innovativeness 은 특정 소비자의 변화 수용정도를 말한다. 유행이 받아들여지는 데에 있어 '소비자 혁신성' 은 필수 불가결한 요소이다. 예를 들어 소비자의 패션 혁신성은 유행주기의 초기단계에 제시된 새로운 스타일의 의복이나 액세서리를 다른 사람보다 먼저 채택하는 정도를 의미한다. 소비자 혁신성에 관한 많은 연구에서 공통되는 가정은 사람들은 누구나 혁신성을 가지고 있으며 다만 그 강도에 있어서 개인적 차이가 있다는 것이다.

유행fashion을 보는 관점은 특정한 스타일을 제품 또는 상품이라는 대상으로 보는 관점과 집단행동으로 나타나는 전파의 과정으로 보는 관점이 있다. 먼저 대상이라는 관점에서 보면 유행은 특정한 스타일의 제품을 말하며 패션이 그 시기에 많은 사람들에게 받아들여지는 지배적인 스타일을 의미한다. 반면, 유행을 새로운 상품이 생산자나 디자이너에 의하여 사회에 소개된 후 소비자에게 채택되기까지의 사회적 전파과정으로 볼 때, 유행이란 새로운 상품 즉 혁신을 필요로 하고 '구전' 과 '채택' 이라는 확산 메카니즘을 가진다는 기본적인 전제가 있다.

유행과정에 있어 혁신적 상품의 수용력이나 대중을 설득시키는 역할을 하게 하는 특성을 강하게 가진 소비자가 바로 '유행 선도자' 이다. 일반 사람에 비해 평균적으로 패션에 더 관심이 많고 상대적으로 남들보다 먼저 신상품을 구매하고, 나중에 패션 아이템을 구매하는 구매자들에게 영향을 미치는 사람으로 패션리더라고 불리기도 한다. 패션 리더를 더 구체적으로 살펴보면 이들은 신제품을 맨 처음 수용하는 '유행 혁신자', 타인과의 접촉을 통하여 수용과 전파에 영향을 미치는 '의견 선도자', 그리고 이러한 상호작용 속에서 사회 전반에 수용시키는 '혁신 전달자' 로 구분할 수 있다.

결과적으로 소비자 혁신성이 높은 혁신자일수록 친구들을 더 자주 방문하고, 스포츠 관람, 외식, 연극, 음악회에 더욱 자주 참여하고, 사회집단, 조직에 더 많이 가입하여 사회 참여도가 높은 경향이 있다. 이들은 성취동기, 과시성향, 변화지향 태도도 더 높기 때문에 프리미엄 브랜드의 수용도도 일반인들보다 더 높을 것이다.

4) 준거집단

인간은 집단 속에서 다른 사람들과 상호 작용하여 자신의 사고, 태도를 형성하므로 소비자 행동은 집단 환경 내에서 발생한다고 볼 수 있는데 이러한 행동을 보다 명확하게 설명하고 있는 개념이 준거집단 Reference Group이다. 준거집단은 개인의 행동에 중요한 영향을 미치는 사람 혹은 집단이라고 할 수 있다. 준거집단은 소비행동에 영향을 미치는 배경이 되는 규범이나 가치를 제공하며, 소비자들이 집단내의 다른 사람들의 행동을 모방하려고 의식적으로 노력하기 때문에 소비자 행동에 영향을 미치게 된다. 때로는 의식적인 노력 없이 소비자들이 집단의 영향을 받아들이기도 한다.

준거집단 개념이 처음 행동과학에 등장했을 때는 가족이나 친구와 같이 단지 직접적인 대면관계를 유지하고 있는 개인이나 집단만을 준거집단이라 지칭하였으나 오늘날에는 직접적인 대면관계에 있는 집단이나 개인은 물론 자신이 원하는 방향으로 행동하고 선호하는 특성을 가진 이른바 '예상사회화' anticipatory socialization에 영향을 미치는 영화배우, 가수, 스포츠 스타, 정치 지도자, 온라인 블로거 등 간접적으로 영향을 주는 개인이나 집단까지를 모두 포함하는 용어로 발전되었다. 준거집단은 아래 세 가지 형태로 소비자에게 영향을 미친다.

첫째, 정보적 영향Informational Influence이다. 정보적 영향은 정보가 개인에게 중요한 수단으로 인식될 때 발생한다. 소비자가 프리미엄 제품구매 경험이 부족한 경우 준거집단은 이들의 브랜드 태도형성에 강한 영향을 준다. 요약하면 소비자들은 프리미엄 브랜드에 대한 정보를 탐색할 때 특정 프리미엄 브랜드를 이미 구매하여 사용해 본 준거집단으로부터의 정보에 강한 확신을 가질 수 있다는 것이다.

둘째, 효용적 영향Utilitarian Influence이다. 효용적 영향은 개인의 행동이 집단 규범이나 기대에 따르도록 집단에 의하여 발휘되는 영향이다. 준거집단은 집단 내 구성원들에게 유사한 행위를 하도록 압력을 가함으로써 구성원들로 하여금 집단 규범에 순응하게 한다. 패션 제품이나 가구 등 인테리어 제품 구매는 가시적이기 때문에 준거집단의 효용적 영향도 매우 크게 발휘된다. 가시성이 부족한 제품은 규범적 영향보다는 오히려 정보적 영향이 더 강하게 작용할 것이다.

셋째, 가치 표현적 영향Value-Expressive Influence이다. 소비자는 끊임없이 자신의 가치관과 태도, 행동을 집단 구성원들과 비교함으로써 자신을 긍정적 집단과 동일시시키고 부정적 집단과는 차별화 시키려는 경향이 있다. 이 같은 경향으로 준거집단은 개인이 자신의 가치관, 태도, 행동을 평가하기 위한 기준을 제공하여 자신의 자아 이미지를 형성하거나 평가하기 위한 근거를 제공해 준다. 가치 표현적 영향은 유사한 가치관과 직업적 특성을 보이는 사람들 사이에서 뚜렷이 관찰되며, 이는 바로 이웃들이 유사한 사회 경제적 특성을 가진 사람들로 구성되는 이유를 설명해 준다. 즉 소비자는 자신의 가치관과 라이프스타일이 유사하다고 지각되는 사람들로부터 정보를 탐색하며 그 정보 원천을 선호하는 경향이 있다.

결국 프리미엄 브랜드는 고가이며 모든 사람이 구매할 수 없으므로 생활필수품 보다는 제품구매에서 준거집단의 영향력이 크게 작용한다고 말할 수 있다. 그리고 준거집단의 영향에 민감하게 반응하는 소비자일수록 프리미엄 브랜드를 선호하는 경향이 강하다.

5) 쾌락과 충동

충동은 '목적 없이 일어나는 마음의 활동' 이라고 정의할 수 있다. 충동구매 Impulsive Purchase는 즉흥적이고 자발적인 행동이며 자극에 의한 구매를 말한다. 이는 '이성적 구매행동' 이나 '습관적 구매행동' 과는 비교되는 개념으로 쓰이고 있다. 충동구매가 흔히 부정적이고 바람직하지 않은 구매행동으로 이해되고 있음에도 불구하고, 거의 모든 연령층에서 빈번하게 일어나고 있다고 보고되고 있다.

특히 매장내 판매촉진 in-store sales promotion의 발달과 수많은 광고 및 홍보, 그리고 커리어 우먼의 증가와 시간부족현상 time poverty 등 21세기 쇼핑 환경에서 충동구매 욕구는 오히려 더욱 더 강해지고 있다고 할 수 있다. 따라서 프리미엄 브랜드와 같은 고 관여 high involvement 제품 카테고리에서도 쾌락과 충동은 매우 중요한 구매 동기가 된다.

Stern(1962)은 소비자가 노출된 자극을 어떻게 평가하는가에 따라 충동구매를 순수충동구매, 환기 충동구매, 제안

충동구매, 계획된 충동구매의 네 종류로 분류하였다. 먼저 순수충동구매란 가장 쉽게 떠올릴 수 있는 충동 구매이다. 새롭거나 신기한 것을 발견하고 흥미를 느껴 구매하는 경우나 일상적인 구매 패턴에서 벗어나고자 하는 탈출escape 구매 등이 이에 해당된다. 환기 충동구매는 구매 계획은 없었으나 소비자가 특정제품을 보고난 후 필요성을 상기하거나 진열대의 촉진과 광고 등을 통해 잊고 있었던 구매 충동이 발생하여 구매하는 경우를 말한다. 제안 충동구매는 어떤 제품을 처음 본 후 제품에 대한 기능이나 성능을 고려하여 이성적으로 구매하는 경우를 말한다. 마지막으로 계획된 충동구매란 구매자가 할인판매와 같은 이득 때문에 의도적으로 구매하는 경우에 발생한다. 매장에 가기로 계획은 했지만 어떤 제품을 구매할 것인가에 대해서는 계획하지 않고 쇼핑하는 중에 충동적으로 구매하는 경우를 뜻한다.

충동구매는 소비자들 간에도 그 정도의 차이가 있을 뿐 아니라 한 소비자가 같은 상품을 다른 상황에서 구매할 때도 그 차이를 나타난다. 즉 TPO(시간-장소-상황)에 따라서 달라질 수 있다는 것이다. 최근 유통업체들이 소비자의 충동구매를 극대화하는 머천다이징과 디스플레이 그리고 인스토어 촉진 기법들을 많이 발전시키고 있어 충동구매에 의한 프리미엄 브랜드 소비도 더욱 촉진될 것으로 예상된다.

Case 05

에르메스 Hermes

'우리가 정성들여 만든 모든 상품이 새로운 주인을 만나 생명이 부여됐을 때 비로소 진정한 가치를 가지는 것이다.' 165년을 이어온 '에르메스(HERMES)' 만의 고집스런 철학이다. 프랑스 명품을 이야기 할 때 가장 먼저 손꼽히는 이름인 에르메스는 누구나 한 번쯤 가지고 싶은 명품의 대명사로, 5대에 걸쳐 고유의 전통을 창조하고 있다. 에르메스의 디자인을 가장 잘 표현한 실크 스카프, 넥타이는 하나의 패션 트렌드가 될 정도이다. 에르메스는 1837년 말 안장과 마구 용품을 시작으로 현재 가죽 백과 향수는 물론, 남녀 기성복, 가정용품 등 다양한 제품 라인을 갖추고 있다. 에르메스의 각 라인들은 165년 전통 속에 장인정신과 숙련성이라는 공통점을 축으로 하고 있다. 제조과정에 있어 전통적인 수작업 방식을 이어가고 있고, 주문이 쏟아진다고 해도 결코 대량생산 하지 않는 철두철미한 소량생산주의를 고수한다. 에르메스의 가장 대표적인 제품으로 손꼽히는 '켈리백' 은 그들만의 전통과 특유한 윤곽의 선이 그대로 살아 숨쉬는 제품이다. 에르메스는 1800년 대부터 지금까지 말안장을 만들

때 쓰는 독특한 박음질 방식을 사용하고 있는데 '새들 스티칭'이라 불리는 이 박음질 방식은 현재의 에르메스를 만든 원동력이라 할 수 있다. 200년을 바라보는 역사와 전통을 이어오며 일관된 이미지로 고객을 유지하고 있는 에르메스는 명품 중의 명품, 고가 중에서도 최고가, 고급품 중에서도 최고급으로 포지셔닝 되어있고 최고의 장인정신을 일관되게 인정받으면서 프리미엄 브랜드의 대명사가 되었다.

Case 06

교토 MK TAXI 리무진 서비스

'친절의 대명사', '움직이는 백화점' '중계인 운전수' 이 모든 수식어는 바로 일본의 MK택시를 지칭하는 말이다. 1960년에 설립된 교토 MK택시는 혁신적인 서비스와 아이디어로 일본 택시업계에서도 유명하다. 이 회사의 VIP고객 중에는 카터 전 미국 대통령, 고르바초프 전 소련 대통령 등 외국의 저명인사들이 즐비하다. 이렇게 MK택시가 성공 할 수 있는 이유는 '택시하면 운전사가 목적지까지 승객을 모시기만 하면 된다' 는 기존의 개념에서 벗어나 '운전사는 프리미엄 서비스를 제공하는 비즈니스 맨이다.' 라는 마인드가 바탕이 되었기 때문이다. MK택시기사가 되려면 몇 주 동안의 친절 서비스 교육을 받아야 한다. 도어서비스(중형 택시 이상 자동문이 없는 차량은 승무원이 직접 문을 열어 준다), 에스코트서비스(여성 고객일 경우 현관까지 안전하게 들어가는지 확인, 짐이 있을 경우 들어드리며, 신체 부자유 고객 승하차 도움),휠체어 탄 고객이 안심하고 탈 수 있도록 휠체어 취급방법 메뉴얼, 정중한 말씨, 항상 청결한 세차 등이 있다. 뿐만 아니라, 상품 카탈로그도 들고 다녀서 고객들이 필요 하다고 하면 바로 바로 구해 주며, 가지고 있는 물건이 아니더라도 바로 다른 곳과 연결을 시켜준다든지 해서 택시 기사들이 중계인 역할을 톡톡히 한다. 이러한 서비스를 가능하게 하기 위해서는 직원들의 교육은 물론 복지 시설과 승무원이라고 부르는 택시 기사의 안전까지 지켜줄 수 있는 체계화된 교육 프로그램도 한 몫 했다. 티끌하나 없는 검은색 차와 유명 디자이너의 옷을 입고 있는 운전기사들이 베푸는 최고의 친절은 고객들이 MK택시를 일본의 대표 프리미엄 택시 브랜드로 인식할 수 있게 만들었다.

Chapter Summary 1장 요약

▶ 프리미엄 브랜드의 탄생

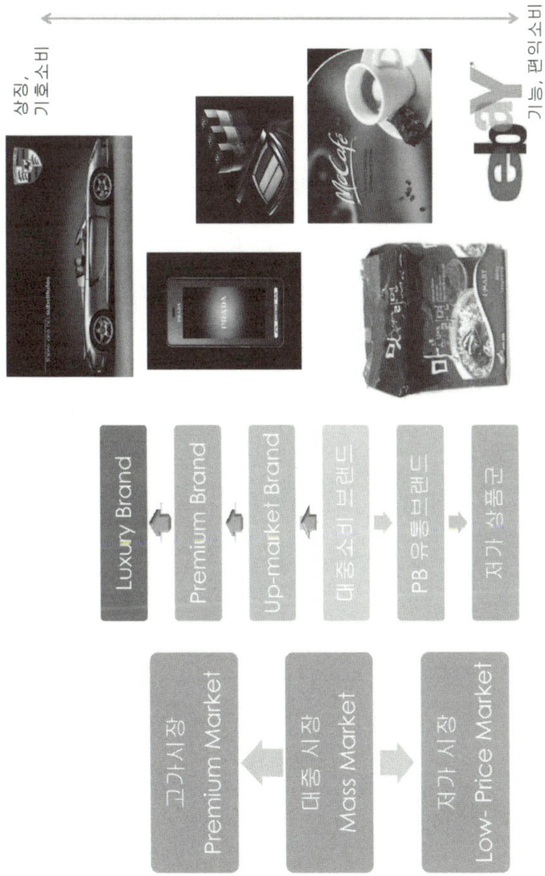

▶ 소비자의 프리미엄 브랜드 열망

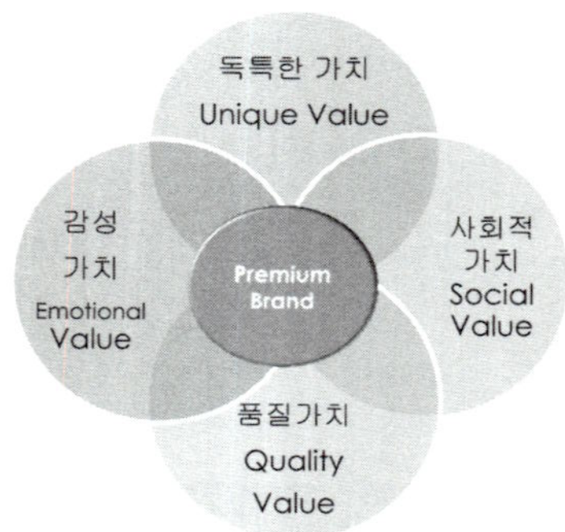

프리미엄 브랜드의 가치효용

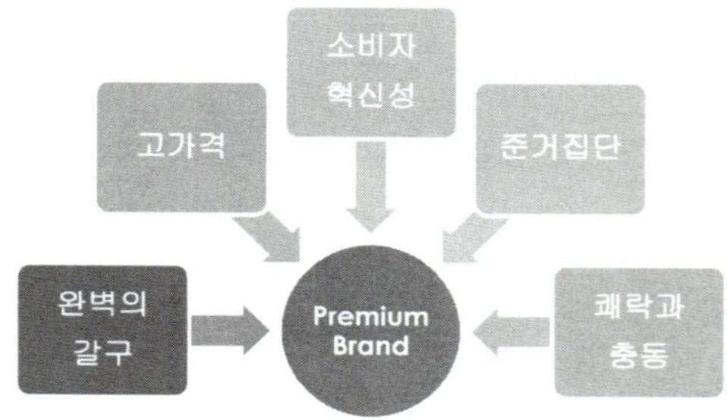

소비자 심리

CHAPTER 02

프리미엄 브랜드의 진화

The great brands of the future will not be corporate or product brands, they will be service brands

- Gary Lyon, General Manager, Glaxo

A
E
D
I

02 프리미엄 브랜드의 진화

2.1 >> 체험경제와 드림 소사이어티

오늘날 세계적으로 소비자의 소비 욕구는 더 이상 과거의 단순한 생존을 위한 생필품 개념의 욕구가 아닌 보다 다양한 측면에서의 삶의 즐거움을 추구 하는 욕구로 변화하고 있다. 우리나라의 경우도 점점 많은 소비자들이 해외 여행을 경험(2008년 통계: 20세~59세 국민중 15% 정도)하고, 휴일 아웃도어 활동에 대한 욕구가 꾸준히 상승하고 있다. 향후에도 이색적이고 색다른 체험에 대한 프리미엄 경험에 대한 욕구는 계속 증가할 것이 확실하다.

이에 따라 기업들도 소비자들이 직접 참여하는 체험을 통해 소비자들에게 브랜드 인지도와 선호도를 높이기 위하여 '체험 마케팅' (experiential marketing)을 적극적으로 채택하고 있는 추세이다. 한마디로 '체험' 이라는 개념이 경제와 마케팅의 뜨거운 이슈로 떠오르고 있다. 많은 조직들이 아직도 체험 마케팅을 단기 판매촉진을 위한 수단이나 유행으로 생각하는 것 같다. 그러나 독자들은 이제는 왜 제품 브랜드가 서비스와 프리미엄을 추구하는 체험 브랜드로 진화 발전하고 있는 지를 다음 내용을 통하여 이해할 수 있을 것이다.

한국사회는 지난 50년간 농업사회에서 산업사회 그리고 최근 10년간 지식 정보화 사회로 급격한 경제적, 사회적 패러다임 변화를 겪고 있다. 그러면 그 다음은 무엇인가? 정보사회 이후의 세계는 소위 '드림 소사이어티' Dream Society라고 불리는 시대가 전개될 것으로 전망된다. 농경사회에서는 과거의 '경험' 이, 산업사회에서는 '자본' 과 '기술' 이 경제의 동인이었고 지식사회에서는 '정보' 와 '지식' 이 가장 중요한 경쟁력 창출 요인이었다면 앞으로는 '감성' , '체험' , '스토리' 가 경제적 부가가치를 만드는 요인들이 될 것이다.

2007년 세계 지식포럼 강사로 한국을 찾은 드림 소사이어티 저자 롤프 엔센은 한국을 포함하여 1인당 GDP 15,000 $ 이상인 선진 경제에서 소비자들은 더 이상 품질과 성능 때문에 제품을 구매하지 않는다고 주장한다. 이들은 디자인 그리고 브랜드에 담긴 스토리 그리고 감성가치 때문에 제품을 구매하기 때문이다. 이처럼 드림 사회에서는 감성과 스토리가 경제적 부가가치를 만들게 된다.

과거에는 '가격' 이나 '품질' 과 같은 요인들이 고객 가치를 형성하는 주요 요인이었지만 점점 디자인과 편의성, 감성적인 체험과 같은 서비스 요인들이 점차 추가되어 고객 가치(Value) 개념이 복잡하게 발전하고 있는 중이다. 미국의 경제학자 조셉 파인은 21세기 경제를 설명하면서 원두커피 생산에서 스타벅스로 발전되는 현상을 경제적 가치가 '필수품'에서 '상품'으로, 상품에서 '서비스'로, 서비스에서 '체험'으로 진화해 가고 있다고 설명한바 있다.

"Economic value, like the coffee bean, progresses from commodities to goods to services to experiences."

1971년 시애틀에서 출발한 스타벅스는 침체일로에 있었던 전 세계 커피 시장에 부흥을 가져다준 기업이다. 현재 30 여개국에 수천개의 매장을 운영하고 있다. 업계에서는 이처럼 한 브랜드가 제품 자체 또는 제품 외적인 측면에서 혁신을 이뤄 공전의 히트를 함으로써 그 브랜드가 속해 있는 시장 전체가 같이 성장하는 현상을 '스타벅스 효과 Starbucks Effect'라고 부를 정도다. 스타벅스의 마케팅 팀장은 "오감을 자극할 뿐 아니라 구매행위를 통해 고객 스스로 자신을 표현하고 느끼도록 만드는 과정을 제공함으로써 소비자가 독특한 커피 체험을 하도록 하는 것"이라고 성공 비결을 말한다. 갈색 톤 나무 장식과 인테리어 소품 그리고 스타벅스만을 위해 선곡된 매장 음악등 커피 맛은 별도로 하더라도 스타벅스 매장내 다양한 장치들이 방문객에게 독특한 커피 체험을 제공해주고 있다.

스테이크를 주로 판매하는 패밀리 레스토랑의 경우에도 이제는 제품의 특징을 강조해 '좋은 고기로 만든 스테이크' 라고 하거나, 편익을 강조해 '스테이크를 먹어서 얻을 수 있는 맛' 이라고 마케팅하는 대신 스테이크를 소비하는 '체험' 을 판매해야 한다. 단순히 고품질 고기로 맛있는 스테이크를 만드는 수준을 넘어서 좋은 감촉의 스테이크용 칼 · 고급스런 나무 장식 · 분위기 있는 조명과 요리사의 조리 기술 등 감각적 경험까지 제공해야 소비자들을 만족시킬 수 있는 것이다. 질레트도 남성 소비자들이 욕실에서 면도할 때 단순히 면도 이상의 무엇, 즉 남성적인 경험과 남성적 라이프 스타일을 체험하고 싶어 한다는 사실을 알아내고 이런 소비자의 욕구에 맞추어 면도기를 디자인하고 있다.

소비자 체험 consumer experience이란 구매 전과 구매 후의 기업의 의도에 의해 제공되는 마케팅 자극에 대한 반응으로 사건의 직접적인 관찰이나 참여로부터 일어난다. 따라서 체험 마케팅은 소비자에게 감각적인 체험을 제공하여 제품이나 서비스에 대해서 보다 강력한 기억과 이미지를 구축하는 작업이다.

소비자를 이성적이고, 논리적인 사고를 하는 인간으로 가정하여 제품과 서비스의 기능적인 속성(attributes)과 편익(benefit)을 강조했던 마케팅이 지금까지의 마케팅이라면, 소비자를 감성적인 존재로 인식하고 소비자의 감성 충족을 위

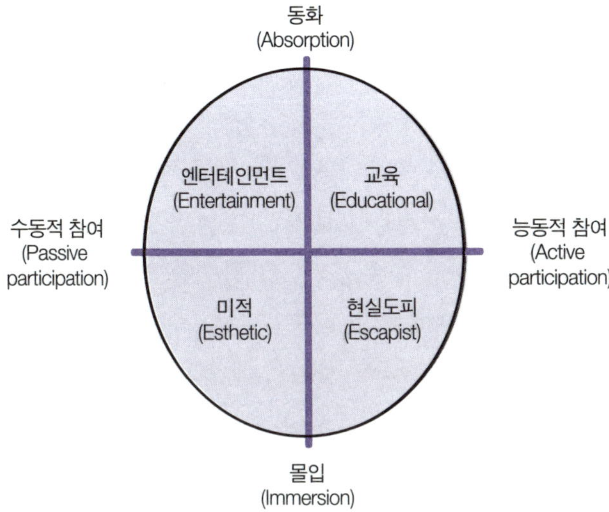

그림 2.1 체험이란 무엇인가

자료: Pine, B. Joseph and James H. Gilmore(1998), "Welcome to the Experience Economy," *Harvard Business Review*, 76(4), pp. 97-105.

한 '프리미엄 체험'을 설계하고 제공하는 것이 체험마케팅의 기본 가정이다.

파인과 길모어Pine and Gilmore(1998)은 그들의 유명한 논문 "체험 경제로의 환영"에서 체험을 다음 네 가지 영역으로 구분하고 이들을 단독으로 또는 혼합하여 기존보다 한 차원 업그레이드 된 고객 서비스를 설계하여야 한다고 주장하고 있다.

체험은 고객의 참여와 몰입이라는 두 가지 결정요인에 따라 크게 엔터테인먼트entertainment 체험, 교육educational 체험, 현실도피escapist 체험, 미적esthetic 체험의 네 가지 영역으로 분류된다.

엔터테인먼트 체험이란 가장 일반적으로 발견되는 친숙한 경험으로 보통 영화를 보거나, 음악을 듣는 것처럼 인간이 느끼는 감각을 통해 수동적으로 참여하고, 동화되는 경험이다. 예를 들면 세계 최고 항공사 중 하나로 손꼽히는 싱가포르 항공 SINGAPORE AIRLINES 은 기내에서 '스테판 플로리안 워터스'라는 독특한 향기가 나도록 하여 후각 체험을 통해 소비자들에게 좋은 추억과 기억을 만들어 주고 있다.

교육 체험은 소비자들에게 제품이나 서비스에 대한 정보를 제공하고, 지식이나 능력을 향상시켜줌으로써 엔터테인먼트 체험과는 달리 소비자의 적극적인 참여를 유도한다. 디지털 위성방송 스카이라이프 SkyLife는 홈플러스 Home plus 내 스카이라이프 HD서비스 시연 환경이 구성되어 있는 스카이라이프 서비스 매장을 오픈하여 매장 방문 고객들이 직접 고화질 HD 방송을 체험시키고, 전문지식을 갖춘 판매 사원으로부터 서비스 관련 정보와 상담을 직접 제공받을 수 있도록 하고 있다.

미적 체험은 소비자들이 사건이나 환경에 완전히 몰입되지만, 적극적으로 참여하는 것이 아니라 그 속에 그저 존재하는 것이다. 예를 들어, 서래마을에 있는 갤러리 카페 '다꽃' 에서 고객들은 전통 분청사기를 응용한 작품을 감상하며 커피와 차를 즐길 수 있다. 따라서 미적 체험 공간은 인테리어와 내부 장식의 예술적 요소나 볼거리 등을 미학적으로 극대화하는 방식으로 이루어진다.

마지막으로 현실도피 체험은 소비자가 완전히 몰입된 상태에서 적극적으로 참여하는 것으로, 시간을 투자할 만한 가치가 있는 장소와 활동을 찾는 것이다. 예를 들어, 스타벅스는 단순히 커피를 판매하는 매장이 아니다. 커피도 마시고, 책을 읽고, 이야기를 나누는 하나의 문화공간으로 '집' 과 '직장' 그 다음에 존재하는 '제3의 장소' the 3rd place로 인식되어 매장 방문을 통해 자신의 정체성을 확인할 수 있다.

이상 네 가지 체험의 영역들은 프리미엄 체험의 설계와 서비스 상품 개발에 있어 독립적으로도 적용될 수 있지만, 네 가지 모든 측면이 반영될 때, 기존의 보편적인 제품과 서비스와는 차별화된 특별한 가치를 제공하는 최고의 체험 상품을 제공할 수 있을 것이다.

소비자 체험의 중요성이 점차 커짐에 따라 많은 기업들이 활발하게 체험마케팅 활동들을 전개하고 있다. 이들 중 두드러진 형태는 체험관experience store 또는 플래그십 스토어

flagship store 등과 같은 체험공간이다. 국내 대부분의 체험관들은 입장이나 이용에 대한 대가를 받고 있지 않다. 그렇다면, 경험이란 무료 사용free trial을 의미하는가? 파인과 길모어Pine & Gilmore(1998)는 소비자가 제품이나 서비스의 이용에 대한 대가를 지불하듯이 소비자가 체험에 대한 대가를 지불하는 것이야 말로 진정한 의미의 경험이라고 주장한다. 전통과 현대 문명이 공존하는 곳, '중동의 하와이', '중동의 진주' 로 불리는 최첨단 국제도시 두바이는 프리미엄 서비스 브랜드로 거듭난 곳이다. 두바이 여행에서 빼놓을 수 없는 곳으로 손꼽히는 두바이 시내에 위치한 크릭사이드 파크는 1인당 5디르함(한화로 약 1500원)의 입장료를 받고, 뉴 두바이에 위치하고 있는 7성급 호텔인 버즈 알 아랍은 하루 숙박료로 미화 1만 달러, 구경하는 데에만 200디르함(한화 약7만원)이 필요하다.

Case 07

폭스 호텔
Hotel FOX

Hotel Fox

숲속에서 보내는 하룻밤, 유럽 궁전에서의 달콤한 잠, 모든 것이 붉은색인 공간에서 잠자기 등 이 모든 것을 체험할 수 있는 호텔이 있다. 덴마크 코펜하겐에 위치한 Fox hotel은 프랑스, 독일, 브라질, 호주, 일본 등 세계 각국에서 온 21명의 디자이너, 건축가, 일러스트레이터, 그래픽 디자이너 등의 다양한 예술가들이 각 방을 각기 개성 넘치는 독특하게 디자인 함으로서 우리에게 색다른 경험을 안겨준다. 61개의 방들은 모두 개성이 넘치는 방으로, 어느 하나도 비슷한 인테리어를 가진 곳이 없다. 동화에서나 볼 수 있을 것 같은 로맨틱한 객실, 3면에 창문이 있어 침대위로 쏟아지는 화사한 객실이 있는가 하면, 애니메이션 한 장면의 그림을 벽면 가득 채우고 있는 방도 있다. 이렇게 톡톡 튀는 인테리어 덕분인지 이 호텔은 2005년 오픈 한 이후로 인터넷을 통해 유명세를 타기 시작해 세계 여행자들에게 덴마크에 들르면 꼭 한번 방문하고 싶은 호텔중의 하나가 되었다. Fox hotel은 획일적인 룸 넘버도, 그 흔한 미니바도 없다. 하지만, 호텔 로비에서 체크인하면 쿨러백을 제공받고 옆에 마련된 미니

슈퍼마켓에서 음료와 스낵을 구입해 입실 할 수 있다. 또한 각종 예술서적과 인테리어 소품과 디자인 제품 등을 구입할 수 있는 가게가 마련되어 있어서 다른 일반 호텔과는 확실히 차별화된 색다른 경험을 제공 해 준다.

Case 08

바스 프로 샵
Bass Pro Shops

커다란 수족관에 있는 물고기들을 보면서 적합한 낚시 도구를 살 수 있는 매장, 사격 게임을 마음껏 하면서 맘에 드는 사냥 도구를 살 수 있는 매장. 이 모든 것이 가능한 체험 매장이 있다. Bass Pro Shops은 1972년 John L. Morris가 집에서 만든 낚시 미끼와 벌레를 파는 것으로 시작되었다. 1974년 이후 카탈로그 판매로 인기가 점점 더 많아지면서 Bass Pro Shops은 작게는 1000평에서 크게는 8000평까지의 크기를 가진 매장들로 구성된 최대의 레저업체로 성장했다. 기존의 레저 샵과는 다르게 Bass Pro Shops는 초보자들에게도 운동기구 등을 직접 체험하고 고를 수 있도록 폭 넓은 사양과 시설을 구비하여 했다. 레저 활동에 필요한 모든 용품들을 원 스탑 으로 구매 할 수 있을 뿐만 아니라, 굳이 물품을 구매하지 않아도 낚시, 사냥, 캠핑 등 다양한 스포츠 레저 체험을 해볼 수 있는 기회를 제공함으로써 잠재적인 고객들을 유인 할 수 있었다.

2.2 >> 프리미엄 서비스와 호스피탈리티 브랜드

우리말로 종종 '환대'라고 번역되기도 하는 호스피탈리티 Hospitality란 일반적으로 숙박업과 외식업에서 제공되는 서비스란 개념으로 사용되어 왔다. 본래 호스피탈리티란 용어는 병원을 지칭하는 호스피탈(hospital)에서 비롯된 것으로, 호텔(hotel)에서 제공되는 서비스를 지칭하기도 한다.

필자는 호스피탈리티를 프리미엄 서비스 또는 프리미엄 체험과 동일한 의미로 사용하고자 한다. 호스피탈리티는 고객을 기능적으로, 감성적으로, 체험적으로 만족시키는 서비스 체험으로 고객에게 프리미엄 가격을 요구할 수 있기 때문이다. 한마디로 '프리미엄 서비스 브랜드'를 호스피탈리티 브랜드라고 정의할 수 있다.

필자는 졸저 '보이지 않는 기업성장엔진'(2004, 삼성경제연구소)에서 보다 구체적으로 기술한 것처럼 프리미엄 서비스 브랜드는 프리미엄 디자인에서 비롯된다고 주장한다. 물론 프리미엄 가격을 지속적으로 보장받기 위해서는 프리미엄 디자인에 이어서 이후 체계적인 브랜드와 기업명성 관리가 뒤따라야 할 것이다. 그렇다면 왜 프리미엄 서비스, 호스피탈리티 브랜드가 메가 트렌드 mega trend가 되고 있는 것일까?

첫째, 서비스 패러독스 현상 때문이다. 서비스 패러독

스란 1인당 GDP 10,000 $ 이상의 자본주의 경제에서 소비자가 매년 평가하는 서비스 만족도가 오히려 개선되지 않거나 심지어 점차 악화되는 아이러니한 현상을 말한다. 그 이유는 현대의 소비자들은 과거에 비해 소득과 여가시간은 늘었지만 그만큼 서비스에 대한 기대수준도 높아졌고 특히 서비스 산업화 service industrialization 에 대한 반작용으로 서비스 획일화와 종업원의 인간성 상실에 대하여 불만족이 커졌기 때문이다. 이에 따라 서비스 패러독스를 극복할 수 있는 한 차원 높은 서비스와 뚜렷한 서비스 철학을 가진 감성적 프리미엄 서비스 기업들이 점차 등장하게 된 것이다.

둘째, 1980년대 이후 전 세계적으로 소비 양극화 현상이 가속화되고 있다. 이에 따라 저가시장도 커지고 있지만 동시에 프리미엄 서비스 시장이 급성장하였고 전 업종에 걸쳐서 호스피탈리티 브랜드와 호스피탈리티 시장이 지속적으로 성장하고 있다. 호스피탈리티란 한국어로 번역이 거의 불가능한 용어인데 그 정의도 많은 연구자들에 의하여 다양하게 정의되고 있다. Burgess(1982)는 호스피탈리티를 정의함에 있어서, '친절함' 이라는 사전적 정의를 따랐지만, '교환' 이라는 개념을 도입하여 호스피탈리티의 영역을 손님을 접대하는 사적인 영역을 넘어 일반 기업이나 정부기관 등 대외적 행사를 진행할 때 제공하게 되는 공적인 영역까지 확대시켰다. Cassee and Reula-nd(1983)는 호스피탈리티를 유형적이며 무형적 요소의 조화로운 혼합체로 식음료, 숙박, 분위기, 환경과 직원의 행동이 이에 포함된다고 하였다. Reuland, Choudry and Fagel(1985)도 Burgess의 '교환' 이라는 개념을 받아들여 호스피탈리티는 '교환 과정으로서 제품, 직원행동, 물리적 환경의 세 가지 요소로부터 발생되는 교환 거래에서 발생 한다' 고 정의하였다.

필자와 숙명여대 호스피탈리티 경영전문대학원에서 내리는 정의는 호스피탈리티란 산업적으로는 H1(호텔, 리조트, 레스토랑 산업), H2(여객운송, 여행업), H3(문화, 스포츠, 레저산업)의 세 가지 산업군을 포괄하고 있다. 경영적으로 정의하면 모든 기업과 조직의 프리미엄 서비스를 지칭하는 개념이다. 리츠칼튼 호텔 THE RITZ-CARLTON® SANYA, 세계 최고의 레스토랑 엘불리 **elBulli**, 체험만족 1위 항공사인 싱가폴 에어라인 , 세계 최다 축구팬을 보유하고 있는 맨체스타유나이티드 등이 대표적인 호스피탈리티 브랜드들이다. 이들은 전 세계적으로 매니아 소비자를 보유하고 이들을 감성적으로 감격시키는 프리미엄 체험과 서비스를 제공하고 있다.

미국의 사우스 캘리포니아 경영대학원 체이스Chase 교수와 마셜 경영대학원의 스리람Sriram 교수는 행동과학을 활용하여 프리미엄 서비스를 만드는 5가지 원칙을 "Want to perfect Your Company' s Service?" 라는 타이틀의 논문(Harvard Business Review, 2001)에서 체계적으로 제시하고 있다.

먼저 프리미엄 서비스를 만드는데 응용할 수 있는 3가지 행동과학 연구 결과를 살펴보자.

첫째, 사람들은 어떤 경험을 기억할 때 경험의 모든 순간을 기억하지 못하고 몇 개의 중요한 순간만을 기억한다. 이를 연속효과Sequence Effects라고 한다. 사람이 어떤 경험에 대하여 평가할 때 그 경험이 고통인지 즐거움인지, 그리고 경험이 얼마나 치열했는지, 마지막으로 어떻게 끝났는지의 3가지 요소가 가장 중요하다는 것이다.

둘째, 지속효과Duration Effects라는 것이 있는데 사람들이 시간의 경과에 주의를 기울이게 되면 지난 시간을 과대평가한다는 것이다. 재미없는 강의를 듣거나 영화를 볼 때 자꾸 시간을 보면 시간이 더 천천히 가는 느낌을 생각해 보면 알 수 있다.

셋째, 합리화효과Rationalization Effects란 사람들이 어떤 일이든지 의미를 찾으려 노력하고 어떤 일이 잘못되었을 때 그 이유를 알지 못하면 적당한 설명을 만들어 그 이유를 날조한다는 인간 행동을 말한다. 이상의 3가지 행동과학의 발견을 서비스 개선에 적용해보면 다음의 5가지 원칙을 도출할 수 있다.

① 원칙 1: 강하게 끝내라

서비스 기업은 대개 고객과의 만남의 '시작' 과 '끝' 을 똑같이 중요하다고 생각하지만 실제로는 고객의 기억에 남는 것은 '결말' 이므로 끝이 더 중요하다. 이 원칙은 사람들이 본능적으로 발전을 선호한다는 사실을 바탕으로 하고 있다.

장기 컨설팅 프로젝트의 경우 시작 단계부터 조그만 성과라도 내는 것이 더 합리적인 것처럼 보이지만 대개는 계약 기간 만료 직전에 큰 성과가 한두 개 나타나도록 일정을 조정하는 쪽이 고객의 만족감을 더 높일 수 있다. 항공 서비스의 경우에도 고객과의 마지막 접점인 수화물 찾는 곳에 더 신경을 쓴다면 고객 만족을 더 높일 수 있을 것이다.

② 원칙 2: 좋지 못한 경험은 조기에 없애라

좋고 나쁜 결과가 동시에 혼재한 일련의 사건일 있을 때, 바람직하지 못한 사건이 먼저 생기고 마지막에 바람직한 사건이 일어나는 것을 선호한다는 행동과학 이론을 서비스에 응용해 보자. 이는 바람직하지 못한 사건이 먼저 닥치면 무서운 사건을 피할 수 있고, 바람직한 사건이 마지막에 일어나면 사건 자체를 즐길 수 있기 때문이라는 것이다.

따라서 서비스 기업은 고객에게 나쁜 소식과 고통, 불편, 긴 줄서기와 같은 불유쾌한 경험은 최대한 제거해야 하지만 여의치 않을 경우 서비스 과정의 앞부분에 위치시켜서 고객 경험의 종합 평가 속에 불유쾌한 상황이 끝까지 영향을 미치지 않도록 해야 한다.

③ 원칙 3: 유쾌한 경험은 잘게 나누고, 고통스러운 경험은 합쳐라

경험이란 단편으로 나누어지는 경우 더 오래 기억된다. 예를 들어 도박판에서 한 번에 10달러를 딴 경우보다 5달러씩 두 번을 딴 경우에 더 만족도가 높다. 고통스러운 경험을 만드는 의료 서비스의 경우 환자가 의사의 진료를 받기까지 여러 단계에 걸쳐 대기하도록 하는 것보다는 한 대기실에서 계속 기다리도록 하는 편이 기억에 덜 남기 때문에 좀 더 바람직한 서비스 프로세스라고 할 수 있다.

디즈니랜드 Disneyland 역시 이 원칙을 잘 이해하고 있는 곳이다. 디즈니랜드는 고객들이 긴 줄을 서서 기다리지만 놀이시설 탑승 시간은 아주 짧다. 이것은 일차적으로 더 많은 사람들이 놀이시설을 즐기도록 하자는 것이지만 이와 같은 효율성은 고객의 즐거움을 잘게 나눔으로써 테마공원에서 보낸 하루가 아주 길고 풍부한 경험이 되도록 만들어 줄 수 있다.

④ 원칙 4: 선택을 통한 약속 시스템을 구축하라

헌혈자들은 채혈할 팔을 스스로 선택할 수 있는 환경에서 스트레스를 훨씬 덜 느낀다고 한다. 이는 자신이 서비스 과정에 대한 통제권이 확보돼 있을 때 더 행복하고 편안한 느낌을 가진다는 것이다.

특히 불유쾌한 서비스 절차의 경우 고객 선택권이 더욱 중요하다. 미국의 어떤 사무기기 애프터서비스를 맡은 회사에서는 고객들로부터 신속한 처리가 미흡하다는 불평을 해소하기 위해 서비스 요원의 수는 그대로 두고 고객에게 서비스 일정을 선택 할 수 있는 시스템을 도입하였다. 이 시스템은 고객이 직접 문제의 심각성 정도를 결정하도록 했다. 즉 심각한 문제일 경우에는 덜 긴급한 경우보다 신속하게 서비스 요원이 달려가도록 하는 것 이었다. 기대한 대로 고객만족도는 더 향상되었고 필요한 수리 요원의 수는 오히려 감소되었다. 이는 고객이 실제로 더 원하는 것은 '신속한 대응' 보다는 '선택권' 이라는 것을 알 수 있는 사례였다.

⑤ 원칙 5: 사람들에게 지켜야 할 의식을 만들어주고 이를 고수하라.

사람들은 반복되는 친숙한 행위 속에서 평안과 질서, 의미를 발견한다. 의식은 전문적 서비스일수록 특히 중요한다. 의식은 관계의 설정, 전문적 신뢰성의 확보, 고객유인, 기대 설정, 피드백 효과 등이 있는 것으로 알려져 있다.

고가의 컨설팅 서비스의 경우 통상적으로 계약단계에서 화려한 직원 소개, 개시 축하 만찬, 프리젠테이션, 작업 완수 축하 파티, 그리고 CEO를 대상으로 한 공식 프리젠테이션 등의 수없이 많은 '의식' 들이 있다. 이런 의식들은 고객이 서비스 경험을 평가하는 데 큰 영향을 미친다.

결론적으로 기존의 서비스 상품을 프리미엄 급으로 업그레이드하기 위해서는 행동과학을 응용하여 고객의 입장에서 고객이 어떻게 행동할지를 미리 상상해 보고 고객이 직원과 만나는 모든 순간을 그려보아야 한다. 그리고 이상 논의한 5가지 원칙들을 반영한 시나리오를 바탕으로 고객의 체험을 새롭게 디자인해야 할 것이다.

Case 09

프리덤 오브 더 시즈
Freedom of the Seas

세계에서 가장 비싼 배는 무엇일까? 한화로 1조원이 넘는 "Freedom of the seas"은 16만 톤의 육중한 무게에 승객 3634명을 태울 수 있는 최고의 프리미엄 크루즈 선이다. 로이터 통신은 이 배를 타이타닉보다 4배가 큰 공룡배 'A floating behemoth four times the size of the Titanic' 라고 표현했다. 하지만 사이즈라는 단순한 이유 때문이 아니라, Freedom of the seas호가 최고의 크루즈 선이 될 수 있었던 까닭은 어린이 전용 수영장, 5개의 각종 풀장 및 사우나, 인공서핑 장, 농구장, 인라인 스케이트 장, 아이스 링크, 바와 카지노 예배당, 암벽등반, 피트니스 센터 등 여러 가지 체험을 제공해 줄 수 있는 크루즈 선이기 때문이다. 각 객실마다 비치되어 있는 월풀욕조와 각종 미용 프로그램은 고객들이 여가를 즐기면서 웰빙을 체험할 수 있게 했다. 뿐만 아니라, '프롬나드' 쇼핑몰에는 패션 부티크, 미용실, 아이스크림 가게, 커피숍 바, 영화관, 화장품 매장을 볼 수 있다. 밤에도 역시 고객들에게 즐거움을 주기위해 아이스링크의 조명들은 가라오케로 변신한다. 이러한 다양한 체험과 고품격 편의시설을 갖춘 Freedom of the seas 는 고객을 만족시켰고, 프리미엄 크루즈 선이라는 영예를 얻을 수 있었다.

Case 10

클럽 메드 CLUB MED

ClubMed

에메랄드 빛 바다 속 형형색색의 물고기들이 춤추는 물 위로 지어진 아름다운 별장, 그리고 사랑하는 연인. 그곳은 바로 몰디브에 있는 Club Med의 카니 빌리지다. 우리나라에서 신혼 여행지로 유명한 Club Med 는 전 세계 36개국 90여 곳에 빌리지를 두고 있다. Club Med가 각광받는 이유는 천혜의 자연 속에서 마음껏 휴식을 누릴 수 있다는 것도 있지만, 무엇보다 휴가의 모든 것이 포함된 휴가 패키지를 체험할 수 있다는 데에 있다. Club Med를 탄생시킨 제랄드 블리츠는 과거 자신의 경험을 빌어 여행을 좋아하는 많은 소비자들이 꽉 짜인 일정 속에 가이드 안내를 받으며 천편일률적으로 진행되는 기존의 여행패턴에 싫증을 느끼고 있다고 보고 진정한 '휴식' 을 누릴 수 있는 여행에 대한 수요가 반드시 존재 한다고 믿었다. 그래서 여행객들의 편의를 위해 안락한 숙박시설과 세심한 서비스, 다양한 스포츠 활동, 훌륭한 음식 등 모든 것이 포함된 패키지를 개발하였다. 그 예상은 적중했다. '무엇이든 할 자유, 아무 것도 하지 않을 자유' 라는 슬로건을 내세워 Club Med만의 자연주의와 휴가문화를 고객들에게 체험하게 하였다. Club Med만의 특징은 휴가를 와서 이곳저곳 볼거리, 재밋거리를 찾아 돌아다니고 돈 쓰는 일 없는 즉, '무계획' 휴가를 만들었다. 패키지 안에는 모든 스포츠를 시간에 구애 받지 않고 원하는 만큼 즐길 수 있는 것도 포함되어 있다.

Case 11

엘불리
EL Bulli

elBulli

2002년과 2007년 영국의 음식전문지가 세계 최고의 레스토랑으로 선정한 곳은 스페인의 엘불리이다. 그릴에 구운 딸기와 우메보시로 만든 초록빛 칵테일, 그리고 크림덩어리에 붙인 버섯 등 시각적으로나 음식의 질감이나 맛까지 독특하고 창조적인 메뉴를 제공하는 엘불리는 1년중 4월에서 9월까지 6개월만 영업한다. 나머지 6개월은 세계를 여행하면서 요리 재료들을 수집해, 새 조리법을 연구하는 등 요리연구에만 투자를 한다. 엘불리가 추구하는 분자요리란, 새로운 재료, 도구와 새로운 조리방법으로 음식을 만들어 레시피를 확대하는 것으로, 음식재료와 요리과정을 과학적으로 분석하여 새로운 맛과 질감을 개발하는 요리법을 말한다. 엠불리의 독특하고 고집스런 모습에 60개월 예약이 이미 완료된 상황이다. 전 세계미식가들의 메카가 된 엘불리가 프리미엄 레스토랑으로 명성을 얻게 된 이유는 단순히 음식자체보다는 창의적인 아이디어와 오감을 만족시키는 최고의 고객서비스를 가진 프리미엄 체험을 제공하기 때문일 것이다.

Chapter Summary 2장 요약

▶ 프리미엄 브랜드의 진화

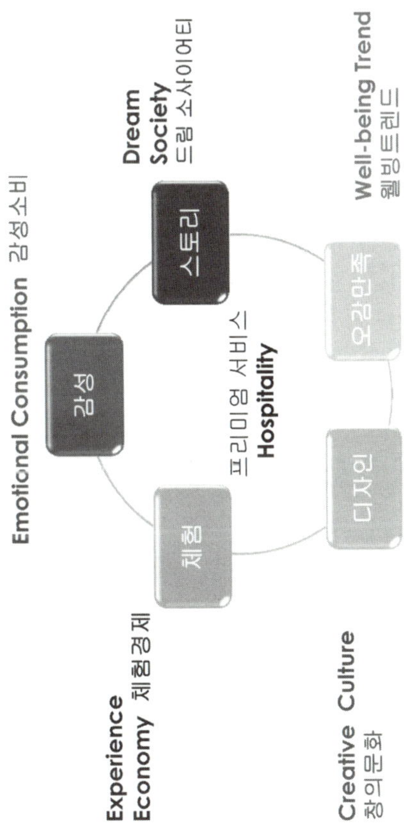

CHAPTER 03

브랜드 레버리지

3.1 원산지

3.2 유통채널

3.3 라이센싱과 공동브랜드

3.4 이벤트, 스폰서십, 보증

A man always buy something for two reasons:
a good reason, and the real reason.
- J. P. Morgan, Founder, J. P Morgan.

A
E
D
I

03 브랜드 레버리지

브랜드 레버리지brand leverage란 특정 브랜드가 보유하고 있는 이미지와 관련한 주변 자산들 중에서 지렛대 lever를 찾아서 그 힘을 증폭시켜 특정 브랜드의 잠재력을 극대화하는 것을 말하는 것으로 원산지, 소매 채널, 공동브랜드, 이벤트, 유명 모델등이 대표적인 브랜드 지렛대들이다.

브랜드 레버리지는 소비자들에게 신상품에 대해서 가치 있는 제품 정보를 가장 저렴한 비용으로 전달할 수 있다. 왜냐하면 고객들은 신제품을 평가할 때 이미 구매 경험이 있던 제품에 대한 지식과 만족도 등을 유사한 새로운 브랜드로 전이시키는 경향이 강하기 때문이다.

한편 소비자는 오랜 기간에 걸쳐 어떤 특정 브랜드와 관련하여 태도와 믿음을 형성하게 된다. 그리고 브랜드와 관련된 연상들로부터 긍정적 또는 부정적 이미지를 추론하여 기존 브랜드에 대한 가치와 태도를 변경시키기도 하는데 이것은 소비자 심리상 인지 일치cognitive consistency 노력의 결과이다. 심리학의 '인지 부조화' cognitive dissonance이론은 페스팅거가 만든 개념으로 인간은 자신이 믿는 것과 실제 일어난 현실이 다를 때 '부(不)조화' 의 좌절을 겪는 것을 말한다. 인간은 부조화에서 오는 좌절의 고통을 극복하기 위해 믿음과 현실, 둘 중 하나를 바꿔야 한다. 그러나 현실을 바꾸기는 어렵기 때문에 결국 자기 믿음을 수정하여 부조화를 최소화 한다는 이론이다. 결국 브랜드 레버리지는 인지부조화 이론에 기초하여 브랜드와 관련된 다양한 연상들을 최대한 활용하여 브랜드 가치를 극대화하는 노력이라고 해석할 수 있다.

브랜드 레버리지 전략을 보다 성공적으로 추진하기 위해서는 아래 세 가지 요인을 고려하여 레버리지의 정도와 방향을 신중히 결정하여야 한다.

첫째, 기존 브랜드에 관한 소비자의 인지도와 선호도 그리고 기타 지식이 어느 정도인지 파악하고 있어야 한다. 만약 소비자가 우리 회사 브랜드와 제품 브랜드에 대해서 전혀 무지하거나 인지도가 낮다면 레버리지 할 수 있는 충분한 지렛대를 찾기 힘들어 질것이 분명하다. 가장 이상적으로 보면 소비자가 우리 브랜드에 대해서 강하고Strong 우호적이며Favorable 독특한 Unique 연상을 가지고 있으면 있을수록 브랜드 레버리지 효과는 극대화 될 수 있을 것이다.

둘째, 연상의 의미 전달력을 고려하여야 한다. 의미 전달력이란 레버리지 대상이 우리 브랜드에게 미치는 긍정적인 연상을 말한다. 지렛대와 우리 브랜드의 '관련성' 과 '의미 전달성' 이 높으면 높을수록 레버리지 효과는 커질 수 있다.

셋째, 연상의 전환 가능성을 고려하여야 한다. 레버리지 대상이 브랜드에 관련하여 연상의 전환 가능성이 높으면 높을수록 브랜드 레버리지 효과가 극대화 될 수 있기 때문이다.

그럼 지금부터 브랜드 레버로서 작용할 수 있는 '장소', '사물' 그리고 '사람' 관련 요인들에 대하여 차례대로 살펴보기로 하자.

3.1 >> 원 산 지

1) 원산지 효과

국가 원산지(Country-of-Origin: COO) 효과란 소비자가 제품의 원산지 즉 특정 국가에 대한 인식으로 인하여 그 제품 평가에 미치는 변화 크기를 말한다. 원산지는 국가의 경우는 '국가 원산지' 라고 하며 도시의 경우에는 '도시 원산지' 로 그리고 특정 상권이나 지역의 경우 '특정 지역 원산지' 라고 규정할 수 있다.

세계 경제의 글로벌화가 가속화되는 가운데 수입상품이 날로 증가하여 국제 무역에서 원산지 규정 COO Rules은 보다 강화되고 있는 추세를 반영한다면 원산지 효과에 대한 학계와 업계의 관심이 날로 커지고 있는 것은 놀라운 일이 전혀 아니다.

최근 들어 글로벌 소싱이 더욱 가속화되면서 제조국, 브랜드 소속국, 조립국, R&D국가가 서로 다른 복합 원산지 제품(하이브리드 제품: Hybrid Product)들이 확산되고 있다. 특히 노동력이 저렴한 해외로 공장을 이전함으로써 제조원산지가 달라지는 초기 현상과는 달리 근래에는 기술력과 디자인이 우월한 원산지에서 제조가 발생하는 등 제품 원산지에 대한 개념이 보다 복잡하게 변하고 있다.

국가 이미지 비교 연구에서 세계적 명성을 가지고 있는 사이몬 안홀트(2007)는 매년 전 세계 500만명의 샘플 조사를 통해 국가 브랜드 파워를 측정, 발표하고 있다. 2005년 조사 결과를 보면 국가 이미지 세계 랭킹은 1위 영국, 2위 스위스, 3위 캐나다, 4위 이태리, 5위 스웨덴, 6위 독일, 7위 일본, 8위 프랑스, 9위 호주, 10위 미국의 순이었다. 한국(South Korea)은 25위 수준에 머물고 있음을 알 수 있다.

이는 한국이라는 국가 원산지는 해외 시장에서 브랜드

표 3.1 국가 이미지 순위(2005년 평가)

국가	종합순위	자국민평가순위
영국	1	1
스위스	2	1
캐나다	3	1
이태리	4	1
스웨덴	5	1
독일	6	1
일본	7	1
프랑스	8	1
호주	9	1
미국	10	1
스페인	11	1
네덜란드	12	1
노르웨이	13	1
덴마크	14	1
뉴질랜드	15	1
⋮	⋮	⋮
한국	25	5

자료: Simon Anholt(2007), *Competitive Identity*, Palgrave Macmillan, p. 57.

지렛대(lever)로서의 역할을 수행하기에는 아직 부족한 면이 많다고 평가할 수 있다. 마케터 입장에서 보면 국가 원산지의 경우 '어떻게 긍정적 효과를 극대화 시킬 수 있는 소위 ' Top 10 ' 국가의 원산지 이미지를 우리 회사와 제품 브랜드에 자본화 시킬 것인가?' 하는 문제가 전략적 과제 또는 이슈가 되는 것이다.

원산지 연구에서 제시되고 있는 원산지 이미지는 연구자에 따라 다양하게 정의되고 있다. 초기 원산지 이미지에 대한 논의는 제품이 특정 1개 국가에서 디자인되고 생산되는 부품으로 조립되는 것을 전제로 하고 있다. 그러므로 원산지 이미지는 특정 국가에서 생산된 제품에 대한 이미지라고 정의하였다.

예를 들어 원산지 연구의 효시라고 볼 수 있는 나가시마 Nagashima(1970) 연구에서는 원산지를 made-in으로 언급하면서 원산지 이미지를 "사업자와 소비자가 특정 국가 제품에 부여하는 심상picture, 명성reputation, 스테레오 타입"으로 정의하였다. 란츠와 롭Lantz and Loeb(1996)은 "제품에 대한 객관적인 평가가 이루어지지 않는 상황에서 국가에 대한 지각된 평가가 이를 대신하는 경우 이를 국가의 국가 원산지 이미지"라고 정의하였다.

원산지 개념을 보다 마케팅 지향적으로 정의한 로스와 로메오Roth and Romeo(1992)는 국가 이미지란 '소비자들이 제품과 관련하여 특정 국가에 대해 형성한 전반적인 지각으로 특정 국가의 생산과 마케팅 강점 및 약점에 대한 이전의 지각에 기초를 두고 있다' 고 정의함으로써 소비자들이 특정 제품의 생산과 마케팅으로 인한 과거의 그 국가에 대한 지각이 현재 생산된 제품을 평가하는 데 영향을 주고 있음을 시사해 주었다.

필자는 박사 논문에서 국가 원산지 효과를 연구한 바 있다. 그 연구 결과를 소개하면 다음과 같다. 첫째, 특정 국가의 경제발전과 제품 제조 기술의 수준 그리고 평가 대상 국가 국민들에 대한 호감 정도가 특정 국가의 원산지 이미지를 결정하는 주요 요인들이었다. 둘째, 기능적 제품군에서 보다는 상징적 제품과 경험적 제품군에서 원산지 효과의 중요성이 보다 커진다는 사실이다. 셋째, 일반적으로 브랜드 원산지 효과가 제품 제조국 원산지 효과보다는 더 크다. 따라서 해외 소비자들에게 글로벌 브랜드로 포지셔닝 되면 제조국가 원산지 효과는 미미해진다. 넷째, 국가 이미지를 개선하지 않으면 그 특정 국가에 소속한 기업 브랜드와 제품 브랜드의 이미지를 1등급 수준으로 향상시키는 데에는 한계가 있다는 점이다.

한국 간판 화장품 기업 아모레 퍼시픽 AMOREPACIFIC CORPORATION 은 1990년대 초 글로벌 브랜드 전략을 추구하면서 중국과 프랑스에 현지공장을 설립하였고 이를 바탕으로 2000년대 이후 글로벌 진출을 본격화하고 있다. 프랑스를 중심으로 한 유럽에서는 현지생산과 현지판매를 하는 향수 브랜드 '롤리타 람피카' 를 출시하여 '프랑스' 원산지를 최대한 레버리지하였고 그 결과 비교적 성공적으로 유럽시장에 자리 잡을 수 있었다. 2006년 말에는 '롤리타 람피카 엘(L)' 을 출시하여 브랜드 확장을 통한 지속적인 성장전략을 추진하고 있다.

2) 원산지 효과의 전략적 관리

기업 활동이 과거와는 달리 글로벌화 됨에 따라서 국가간 거래빈도와 거래량이 날로 증가하고 있다. 우리나라의 경우 특히 프리미엄 시장에서 프리미엄 브랜드와 수입 명품의 소비가 증가하면서 국내 소비자의 원산지 효과가 업계, 학계 할 것 없이 매우 중요한 이슈로 다루어지고 있다. 향후 병행수입제가 더욱 활성화 되면 보다 다양한 원산지 제품들이 수입될 것으로 예상된다.

한편 국내 시장 뿐 아니라 더 나아가서 해외 특정 국가로 우리 제품을 수출하는 경우에도 해당 국가 소비자의 원산지 효과 정도를 파악하여 이에 효율적으로 대응할 필요성이 커지고 있다. 따라서 원산지 효과의 효율적인 관리는 이제 모든 마케터의 중요한 이슈로 부각되고 있는 실정이다. 따라서 특히 수입 원산지를 어떤 국가로 정할 것인지에 대한 의사결정과 원산지 효과의 득과 실을 계산하는 문제가 제기되고 있다.

황병일, 김범종(2007)은 원산지 효과 연구를 통해 디자인, 생산, 부품 원산지 효과가 소비자 선호에 영향을 준다는 사실을 확인하였다. 과거 원산지 개념과 정의들은 원산지 국가를 '단일 국가' single country로 보는 것을 전제한 것이지만 이제 글로벌 시대 기업의 경영 활동은 한 국가에 국한되지 않는다. 예를 들어 다국적 기업인 미국 국적의 IBM이 컴퓨터 부품을 대만과 한국에서 수입하여 중국에서 조립 생산한다면 원산지를 어떤 국가로 정해야 하는지 등의 문제가 제기된다. 이에 대해 조한슨 등Johansson et al.(1985)과 차오Chao (1993)은 원산지와 제조국가를 구분하여 사용하여야 한다고 주장한다. 즉 이들은 원산지country of origin는 기업이 마케팅 하는 제품이나 상표의 본사가 위치해 있는 국가를 의미하며, 제조국가country of manufacture: COM는 실제로 생산이 일어난 국가로 보아야 한다는 것이다.

이러한 관점에서 본다면 원산지는 소비자가 브랜드명을 추론할 수 있는 국가, 즉 본사 소재국 home country을 의미하며, 제품 원산지country of origin of product나 제조국가 country of manufacture는 실제로 제품이 최종적으로 제조된 국가를 의미하는 것으로 이해할 수 있다.

따라서 위 사례의 경우 IBM의 기업 원산지는 미국이지만 제품 원산지 즉 제조국은 중국이라고 할 수 있다. 그런가 하면 이러한 관점과 조금 다른 견해를 주장하는 연구자들도 있다. 만약 IBM이 Mexico에서 조립되고, 소니Sony가 Singapore에서 조립되었다면 이들 국가에 made in을 붙이기

보다 assembled in Mexico나 assembled in Singapore를 붙이는 것이 보다 타당한 대안일 수 있다는 것이다. 이처럼 여러 국가와 원산지가 관련된 제품 즉 혼혈 제품들(hybrid product)의 경우에 실제로 제품이 생산된 국가의 이미지도 중요하지만 브랜드가 탄생한 국가의 이미지가 소비자에게 보다 중요하기 때문에 브랜드가 속한 국가, 즉 브랜드 원산지(country of origin of brand)개념을 사용하는 것이 더 타당하다는 주장이 보다 설득력을 얻고 있다.

이상 다양한 논의 과정을 검토해 보면 특정 국가만을 지칭하는 원산지에 대한 논의는 제품이 생산되는 과정에서 여러 부품과 생산 과정을 아웃소싱하는 경우 매우 다양한 국가 원산지가 믹스된다는 사실을 시사해 준다. 최근의 추세는 원산지의 다양성을 고려하여 원산지를 여러 차원으로 나누어 사용하는 경향을 보이고 있다.

예를 들어 자동차나 컴퓨터처럼 다소 복잡한 제품의 경우 디자인, 부품, 생산이 여러 국가에 걸쳐 아웃소싱이 이루어지는 경우 부품, 조립, 디자인, 본사 위치가 상이할 수 있는데 이에 따라 원산지를 세부적으로 구분하여 디자인 원산지(COO of Design), 생산 원산지(COO of Manufacture), 조립 원산지(COO of Assembly), 부품 원산지(COO of Part), 기업 원산지(COO of Corporate), 브랜드 원산지(COO of Brand)로 구분하는 것이다.

이처럼 원산지의 출처Origin개념을 자세히 해부하여 구체적으로 규정한다면, 일반적으로 디자인 원산지(COD)는 제품이 개발되고 공학적으로 설계된 국가를 의미하며, 조립 원산지(COA)는 제품의 최종 조립이 이루어진 국가를 말하며, 부품 원산지(COP)는 제품에 사용된 상당 부분의 재료가 조달된 국가나 부품이 만들어진 국가를 나타낸다. 생산 원산지는 실제로 제품의 제조가 이루어진 국가를 의미하며, 브랜드 원산지(COB)는 브랜드 명을 소유하고 있는 기업의 본사가 위치해 있는 국가를 의미한다.

정리해 보면 원산지가 점점 복잡한 차원의 개념으로 발전함에 따라서 원산지에 관한 연구는 초기에는 단일 실마리single clue를 중심으로 연구되다가 다중 실마리multi clue 연구로 진전되고 있고 제품들도 원산지 제품bi-national product이나 다국가 원산지 제품hybrid product 으로 그 개념이 변화되고 있다.

결론적으로 원산지 효과를 극대화 하는 브랜드 전략을 개발하기 위해서는 원산지를 디자인 원산지, 생산 원산지, 부품 원산지 등으로 보다 세분화하여 타켓 국가별로 원산지 관리 전략을 차별화할 필요가 있다. 그리고 브랜드 네이밍에서도 해당 분야에서 소비자에게 가장 영향력이 큰 원산지 언어를 적극 활용할 필요가 있다. 향수나 화장품의 경우 불란서 브랜드 명을 적극 활용할 필요가 있고 패션제품의 경우 이태리와 일본등의 원산지 언어를 적극 활용하여야 한다.

Case 12

France: Chanel No. 5 & Le Cordon Bleu

프랑스 하면 맛과 멋이 있는 나라로 통한다. '멋' 으로 샤넬 향수를, '맛' 으로 르 꼬르동 블루 사례를 각각 살펴보자.

샤넬은 새로움과 프랑스적 세련됨으로 대표되는 브랜드로써 현대 패션에 많은 영향을 준 브랜드이다. 샤넬의 향수 No.5 는 패션의 메카로 여겨지는 프랑스를 원산지로 함으로써 원산지 효과를 톡톡히 보았다. 프랑스는 현재 명품이라고 불리는 럭셔리 브랜드의 본고장이다. 프랑스 안에서도 향수로 유명한 그라스 지방의 재스민과 5월의 장미 그리고 알데히드라는 합성향료를 섞어 만든 첫 합성향료 혼합향수인 샤넬 No. 5의 등장은 처음 시판된 1924년부터 지금까지 하루에 30초당 한 개씩 팔리는 향수이자 프랑스의 대표 향수로서의 명성을 이어가고 있다. 국내에서 뿐만 아니라, 전 세계적으로 샤넬 No.5이 인기를 얻을 수 있었던 이유는 샤넬이라는 브랜드 자체의 가치도 있었지만, 샤넬로고와 함께 씌여진 'PARIS' 라는 원산지 표시가 전 세계 소비자들의 신뢰와 사랑을 얻었기 때문이다. 사치스러움과 고급스러운 원산지의 대명사 프랑스에서 생산된 향수는 고객들에게 세련됨과 우아한 이미지를 심어 주었기 때문이다.

프랑스 음식은 세계의 진미 중의 하나로 꼽을 만큼 맛과 영양이 풍부하고, 예술성이 있는 것으로 유명하다. 르 꼬르동 블루는 프랑스 파리의 요리 학교에서 출발하여 요리 예술과 호스피탈리티를 제공하는 교육기관이다. "파란 리본" 이라는 뜻의 어원을 가진 르 꼬르동 블루는 파란 리본이 달린 성령의 십자가를 사용하는 왕족과 기사단들이 즐겼던 화려한 의식과 성대한 피로연에서 그 의미를 가져와 '최고의 요리' 를 뜻하게 되었다. 1895년 르 꼬르동 블루는 저널리스트 겸 출판업자인 마써 디스텔에 의해 파리에서 되며, 1896년 1월 14일 르 꼬르동 블루 잡지와 요리 학교를 홍보하기 위해 전기 스토브를 이용한 첫 요리 시연 강의를 선보이게 되었고, 이 후로 르 꼬르동 블루는 국제적인 명성을 쌓게 되었다. 유명한 조리장들이 르 꼬르동 블루의 강사진으로 합류하면서 세계 최고의 요리학교로서의 기반을 다지게 되었고, 다양한 국적의 학생들이 르 꼬르동 블루를 찾게 되었다. 르 꼬르동 블루는 전 세계 29개 이상의 국제적인 학교를 운영하고 있으며 매년 20,000명 이상의 졸업생을 배출하고 있다. 프랑스 요리가 가진 이미지와 프랑스라는 원산지 효과를 활용해 르 꼬르동 블루는 500여 년에 걸쳐 집대성된 그리고 현대 세계 요리에 적용할 수 있는 프랑스 요리, 제과, 제빵 기술을 전수함으로써 서비스 산업의 대표적인 호스피탈리티 브랜드로 선망을 받고 있다.

Case 13

USA
NIKE

2007년 인터브랜드가 발표한 세계 100대 브랜드 순위 중에서 미국 기업은 총 54개이다. 그 중 24위를 기록하고 있는 나이키는 독자 여러분들이 잘 아시는 미국의 대표 스포츠 용품 기업이다. 나이키는 이제 브랜드 하나만으로도 엄청난 가치를 가지는 기업으로 성장했다. 본래 나이키는 독일 운동화가 시장을 리드하던 당시 미국 운동화 시장을 바꾸어 놓을 대안으로 저가격, 고기능의 일본 운동화 수입을 추진하면서 블루리본 스포츠라는 이름으로 시작하였다. 이후 나이키는 미국 운동화 시장 뿐 아니라 오늘날 전 세계의 스포츠 용품 시장에까지 큰 변화를 일으켰다. 나이키는 특히 골프천재 타이거 우즈, '인간 탄환' 모리스 그린, 홈런왕 마크 맥과이어와 새미소사, 농구 황제 마이클 조던 등 미국 출신의 수많은 글로벌 스포츠 스타들에 의해 수행된 홍보활동을 통하여 '미국 = 스포츠 강국 = 나이키' 라는 이미지를 형성해왔다. 나이키는 본사는 미국에 위치하고 있지만 다양한 국가에서 생산되고 있다. 생산 국가들은 인도네시아, 필리

핀, 중국 등 상위의 국가 이미지를 가지고 있는 나라가 아니다. 그러나 나이키는 소비자에게 미국이라는 브랜드 원산지가 강하게 작용하는 브랜드임에 틀림없다. 나이키 하면 미국을 연상하는 원산지 효과로 인하여 실제 제조국 원산지 이미지는 미미해져 버린 사례가 되겠다.

Case 14

Germany: Premium Cars

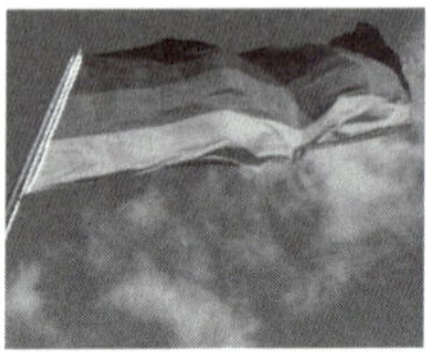

독일하면 정교하고 튼튼한 각종 고급 자동차 브랜드들이 떠오른다. 메르세데스-벤츠(Mercedes-Benz), BMW, 포르쉐(Porsche), 아우디(Audi) 등 이름만 들어도 누구나 가슴이 떨리는 자동차 브랜드들의 원산지 자동차 왕국은 바로 독일이다. 따라서 독일하면 자동차로 인정받은 기술력으로 인해 여러 가지 관련 기술에 대해서도 그 가치를 높이 평가받고 있다. 세계에는 많은 명차들이 있지만 오늘날 명차 브랜드를 소유한 3개의 독일계 기업이 각국 명차의 명맥을 이어오고 있다. 그들이 바로 다임러 크라이슬러(Daimler Chrysler), BMW 그룹, 폭스바겐그룹(Volkswagenwerk AG)이다. 이들이야말로 20세기 말부터 21세기에 이르는 지난 100여년 자동차 산업의 역사를 이끌고 있는 주요한 구성원들이다.

1887년 설립된 독일계 회사인 벤츠와 1998년 미국의 크라이슬러사를 합병한 다임러 크라이슬러는 독일의 명차인 메르세데스 벤츠를 비롯하여, JEEP와 최고급 명차로 불리는 마이바흐 등을 소유하고 있는 회사이다. 이 회사는 자동차는 물론 헬리

콥터, 디젤엔진, 비행기, 우주장비 등을 만들고 있는 종합 고급 기술회사라고 할 수 있다. 1916년 독일의 뮌헨에서 항공기 엔진회사를 시초로 시작한 BMW는 미니카의 명품이라고 할 수 있는 영국산 미니쿠퍼와 영국의 명차인 롤스로이스를 소유하고 있다. 이 회사는 자동차뿐 아니라 이륜차인 오토바이시장에서도 고성능-고가격 바이크 시장에서 프리미엄 브랜드의 대명사이다. 1937년 아돌프 히틀러에 의해 설립된 독일 국민차 준비회사가 전신인 폭스바겐 그룹은 현재 고급 승용차인 아우디, 영국 왕실 의전 차량인 벤틀리, 이태리 스포츠카 브랜드인 람보르기니와 부가티를 소유하고 있는 대규모 자동차 회사이다. 독일의 이 세 개의 자동차 프리미엄 회사들이 세계적인 명품 브랜드 자동차 시장을 주도하고 있다. 물론 일본 , 프랑스, 한국등 다른 주요 자동차 생산국에서도 명차들이 있었고 제품의 품질도 물론 뛰어나지만 최종적으로 이렇게 독일계 자동차 빅 3회사에 각 국의 명차들이 모일 수 있었던 것은 독일의 자동차만이 갖는 원산지 파워가 있기 때문이다. 튼튼하고 정교하면서 멋스러운 자동차, 그것이 바로 독일 자동차만이 가지고 있는 고유한 원산지 가치인 것이다.

Case 15

China Haier

미국 포춘지는 2007년 가장 어처구니없는 사건 101가지 중 1위로 각 분야에서 리콜 사태를 빚은 중국을 선정했다. 포춘은 중국이 2007년 한 해 동안 마텔 사로부터 2000만개의 장난감을 비롯하여 84만 4000개의 바비 액세서리와 기타 마텔 사 제품에 대해 리콜요청을 받았고, 유해물질인 멜라민이 포함된 6000만 캔의 애완동물 사료와 나이키 헬멧 23만 5000개 등 그 외 몇 개의 분야에서 리콜 요청을 받아 불명예스러운 1위로 선정되었다고 설명했다. 이것은 중국산 제품에 대한 세계적 불신은 물론 세계로 도약하고 있는 여러 중국 브랜드들의 성장에 부정적인 영향을 미치고 있다.

중국의 대표적인 브랜드로 연평균 300%의 매출 성장을 이루고 있는 하이얼(Haier)이 있다. 하이얼은 일반가전을 비롯하여 와인 셀러같은 프리미엄 제품을 저렴한 가격에 공급하며 미니 냉장고나 미니 세탁기와 같은 미니 전자제품을 주축으로 글로벌 기업으로 성장하고 있는 중국 기업이다. 그러나 하이얼의 파죽지세를 가로 막고 있는 것이 바로 '중국' 이라는 원산지

이다. 이에 대해 하이얼 코리아의 윤호필 이사는 다음과 같이 말했다. "차라리 품질만 놓고 냉정하게 평가를 해서 나쁘게 나왔다면 이렇게 속상하지는 않겠다. 다른 브랜드에 비해 브랜드 이미지에서는 뒤질지 모르지만 품질 면에서는 자신 있다." 이것은 실제 '하이얼' 이 부정적인 중국의 국가 이미지와 결부되어 저평가가 되고 있는 현실을 잘 보여주고 있다. 즉, 원산지 효과의 긍정적인 효과를 톡톡히 보던 다른 기업들과는 달리 하이얼은 원산지 효과의 부정적인 효과를 보여주는 대표적인 사례이다.

3.2 >> 유 통 채 널

1) 멀티채널 쇼핑환경

제조 기업과 소비자 사이에는 '도 · 소매 기업' 이라고 불리는 유통 기업들이 존재한다. 1996년 1월부터 완전 개방된 한국 유통시장에서는 지난 10여년간 대형 마트와 수퍼 수퍼마켓 SSM, 카테고리킬러 등의 소매 신업태와 인터넷 쇼핑 등 무점포 소매업이 급격히 발달하여 유통 채널의 수가 크게 증가하였다. 이 같은 채널의 다양화는 채널 간 경쟁을 불러왔다. 그리고 이러한 경쟁으로 물가 안정 효과와 쇼핑환경 개선 등의 순기능이 부각되어 유통 소매산업에 대한 인식도 획기적으로 개선되고 있다.

멀티채널화 된 21세기 쇼핑환경에서 이제 기업들은 자사의 제품이 어떤 유통채널로 판매될 때 가장 효과가 큰지를 파악할 수 있어야 하며 자사 브랜드 가치를 분석하여 핵심 채널과 주변채널 등을 조합한 유통채널 포트폴리오를 구성하여 유통 채널 문제를 보다 전략적으로 접근하여야 한다.

2) 유통채널의 전략적 관리

채널에는 채널이 가지고 있는 고유 특성과 역사가 있다. 백화점의 경우 프리미엄 브랜드들이 주로 유통되는 채널로서 도심에서 가장 번화한 중심상권에 입지해 있으며 고객서비스가 경쟁채널 중에서 최고여야 한다는 특징이 있다. 이러한 특성은 소비자들이 채널을 평가하고 선택할 때 반영하는 평가의 기준이 된다. 일반적으로 채널 선택 시 소비자의 결정요인은 기업 마케팅 효과와 채널의 속성, 채널의 환경, 사회적 영향, 상황 변수, 그리고 개인적인 차이라고 분석할 수 있다. 그리고 채널 평가는 채널들이 본사에 가져다주는 경제적 공헌도를 중심으로 이루어진다. 결국 소매 채널이 보유하고 있는 채널 가치 Channel Equity는 제품시장에서 특정 유통 채널이 가지고 있는 고객 가치로 정의할 수 있다.

서용구, 이은경(2008)의 가전 소비자의 채널 만족도에 관한 연구에 의하면 가전제품 구매의 경우에도 채널별로 소비자가 가지고 있는 연상들이 각각 다르게 나타나고 있다. 예를 들면, 하이마트와 같이 가전제품 카테고리 킬러(양판점)의 경우, 가격 경쟁력과 비교구매가 가능하다는 것이 우수한 반면, 사후관리 및 배송 등은 취약한 것으로 드러났으며 대형 할인점 역시 가격 경쟁력 및 비교구매, 이용 편리성 측면은 우위에 있는 반면, 판매원 전문성과 배송 등은 열악한 것으로 평가되었다.

한편, 백화점은 사후관리 및 이용 편리성, 판매원 친절성, 매장 쾌적성 측면에서는 강점을 가지고 있으나, 가격 경쟁력 및 교통 편리성과 배송에 있어서 신속한 측면은 취약한 것으로 나타났다. 또한 전자제품 판매상가의 경우, 가격 경쟁력이 매우 우수하고 비교구매에 있어서도 강점을 가지고 있으나 기타 대부분 측면에서는 열세에 있는 것으로 평가되었다. 전제제품 대리점은 사후관리 측면과 판매원 전문성 및 친절성 측면에서 상대적으로 우위에 있는 반면, 비교구매, 가격 경쟁력, 이용 편리성 및 배송측면에서 취약한 것으로 조사되었다. 한편, 인터넷 쇼핑몰의 경우, 가격 경쟁력 및 비교구매, 제품검색이 용이한 면에서는 우수한 것으로 나타났으나, 사후관리나 제품설명이 어렵고 배송측면에서는 열악한 특징을 보이고 있다. 마지막으로 TV홈쇼핑은 비교구매와 가격 경쟁력 측면에서 우위에 있으나, 사후관리 및 배송측면에서는 부정적인 평가를 받고 있다.

결론적으로 특히 신제품의 경우 어떤 채널을 주채널로 하여 판매할 것인지를 제품 개발 과정에서부터 기획하여 채널과의 궁합을 최대한 맞추는 노력이 필요하다. 그리고 어떤 성장 채널을 전략적인 주 채널로 결정할 것인지 등의 채널 믹스에 대하여도 같이 고민해 보아야 한다.

Case 16

에스티 로더 Estee Lauder

ESTĒE LAUDER

에스티 로더(Estee Lauder)는 다양한 화장품 브랜드를 가지고 있는 글로벌 뷰티 전문기업이다. 포춘이 선정한 500대 기업 중 349위에 속한 그룹이다. 오늘 날 엄청난 화장품 왕국을 이루고 있는 에스티 로더 그룹이지만 이 그룹이 있기까지 삭스 피브스 애비뉴(Saks Fifth Avenue) 라는 조력자가 없었다면 불가능했을 것이다. 고등학생이었던 로더여사는 삼촌과 함께 클렌징 제품을 만들면서 화장품 사업에 처음으로 뛰어들었다. 그녀의 클렌징 제품을 우연히 접한 한 헤어살롱의 원장이 자신의 살롱에 작은 카운터 형식으로 정식사업을 시작하였다. 하지만 점점 헤어살롱이 커지면서 사업이 번창하자 그녀는 작은 살롱으로 만족할 수가 없었다. 바로 그 때에 그녀의 눈에 들어 온 것이 바로 뉴욕의 삭스 백화점이었다. 고급 백화점의 대명사인 삭스 백화점에 입점하는 것은 브랜드로써 그 품질과 가치를 인정받는 일이었기 때문이다. 하지만 작은 헤어살롱의 화장품을 백화점, 그것도 뉴욕에서 내놓으라하는 고급 백화점에서 쉽게 입점 시킬 것은 만무했다. 분명 어려운 일었지만 포기할 수도 없는 더 없이 좋은 기회였다. 결국 그녀는 삭스 백화점 앞에서 그녀의 화장품의 샘플들을 나누어주기 시작했다. 제품을 써 본 소비자들이 분명 자신의 제품을 다시 사고 싶어 삭스 백화점으로 찾아갈 것이라는 계산에서였다. 그리고 실제 얼마의 시간이 흐르고 제품을 써본 소비자들은 그녀의 생각대로 에스티 로더 제품을 구입하고 싶어 했다. 그리고 그 샘플을 처음 받았던 삭스 백화점에 에스티 로더 매장을 찾는 문의를 해왔다. 결국 이를 안 삭스 백화점 측은 고객들의 요구에 맞추어 에스티 로더의 입점을 허락하게 되었던 것이다. 결국 백화점의 입점을 계기로 에스티 로더는 미국을 비롯한 전 세계 100여 개국에 거대한 화장품 왕국을 세울 수 있었다. .

Case 17

대형마트 PB

월마트 WAL★MART의 그레이트 밸류(Great Value), 롯데마트 LOTTE Mart의 와이즐렉(Wiselect), 영국 테스코 TESCO(Tesco)의 밸류(value), 이 마트 E·MART의 이 플러스(E-plus). 이 모든 것은 바로 대형마트가 생겨나면서 함께 성장한 유통업체 브랜드(Private Brand)이다. PB 성장은 대형유통업체에게 수익을 가져다 줄 뿐 아니라, NB 제품처럼 유통채널과 브랜드를 확보하지는 못했지만 생산능력은 가지고 있는 중소 제조기업의 제품들이 성장할 수 있는 새로운 길이기도 하다. 특히 불황과 저성장 경제에서 소비자들은 보다 저렴한 PB 제품을 선호하게 되어 PB제품의 향후 시장전망은 매우 밝다.

수년 전, 요구르트와 우유를 유리병에 담아 팔겠다는 아이디어로 사업을 시작한 숲골. 완전히 새로운 아이디어로 사업을 시작했지만 이미 포화상태인 유제품 유통망을 뚫고 들어가기는 어려웠다. 그런 숲골에게 기회가 된 것은 다름 아닌 이마트의 유통업체 브랜드로 제품을 납품하는 것이었다. 숲골은 2005년 이마트 중소기업 박람회에서 이마트에 납품하는 기회를 얻은 사례이다. 그 후 2006년 3월부터 '프리미엄 E-plus숲골' 이라는 제품명으로 시장에 진입하게 된 숲골은 이마트의 유통파워에 힘입어 포화상태의 유제품 시장에 당당히 선전할 수 있었다. 이것은 '숲골' 이라는 브랜드의 제품력으로는 할 수 없는 일이다. 물론 숲골의 좋은 품질이 지속적인 판매를 가능하게 했지만 무엇보다도 이마트에 입점하게 된 것이 결정적이었다. 결국 숲골은 이마트에서의 판매를 시작으로 자체 대리점 망을 운영할 정도로 성공을 거둘 수 있었다.

3.3 >> 라이센싱과 공동브랜드

1) 라이센싱

브랜드 라이센싱이란 甲이 자신의 브랜드 로고나 캐릭터등을 사용할 수 있는 권리를 수수료를 받고 乙에게 판매하는 계약이다. 이 계약은 성공적인 경우 甲-라이센스를 주는 기업 lincensor과 乙-라이센스를 받는 기업lincensee 모두 윈-윈 win-win 하는 상황을 만들어 줄 수 있다.

브랜드 라이센싱은 엔터테인먼트 산업과 디자인 패션 관련 산업에서 특히 활발하다. 디즈니, 스타워즈, 쥬라식 파크, 라이온킹, 캘빈클라인, 도나카렌, 피에르 까르뎅, 랄프로렌등이 甲으로서 성공적인 브랜드 라이센싱을 수행한 사례들이다. 특히 롤링스톤은 티셔츠와 신용카드를 포함한 80여개 제품에 라이센싱 계약을 한 것으로도 유명하다.

을의 입장에서 보면 이미 시장에서 인지도가 높은 대상(甲의 브랜드)을 활용하는 효과가 있으므로 자사 제품의 이력을 단시간에 획기적으로 높일 수 있고 특정 국가 또는 특정 마켓에 진입하기가 매우 용이해진다. 성공적인 라이센스 브랜드는 소비자들의 인식에 강하게 각인되어 상업적인 성공을 얻는 가장 손쉬운 방법으로도 알려져 있다.

라이센스를 제공하는 갑의 입장에서 보면 라이센스 계약를 통해서 얻어지는 경제적 이익뿐 아니라 많은 진입 비용이 드는 신규 시장과 새로운 카테고리에 진입하기가 용이하다는 장점이 있다. 영국 최대의 재벌기업 버진Virgin은 이 방면에 단연 탁월한 성과를 보여주고 있다고 할 수 있다. 이는 Virgin이라는 브랜드 명을 연관된 다른 카테고리들의 사업 전반에 걸쳐 버진 브랜드를 레버리지 시키는 방식을 의미한다.

브랜드 라이센싱이 항상 상업적 성공을 보장하는 기적의 치료법이나 성공으로의 지름길이라고는 볼 수 없다. 왜냐하면 매번 성공하는 것은 아니기 때문이다. 그러나 경제적으로 대성공은 아니더라도 신규사업에 진출하는 경우 제품이나 브랜드에 대한 홍보 PR 효과는 확실히 있다고 평가할 수 있다.

결국 우리가 할 수 있는 일은 라이센싱 효과를 극대화하는 구체적인 방안을 찾는 일이다. 따라서 라이센싱 비즈니스 당사자들은 항시 최적의 라이센스 파트너를 찾는 일을 소홀히 할 수 없을 것이다.

2) 공동브랜드

라이센싱이 철저히 상업적인 비즈니스 계약이라면 공동브랜드는 전략적 제휴strategic alliance에 보다 가깝다. 브랜드 번

들링brand bundling 또는 브랜드 제휴brand alliance와 동의어로도 쓰이고 있다. 공동 브랜딩Co-Branding 이란 제휴에 참여하는 모든 기업 브랜드는 그대로 유지하면서 LG-IBM 노트북의 경우처럼 조인트-브랜드를 시장에 출시하는 것을 말한다. 이는 조직 간의 비공식적인 협력이라기보다는 공식적으로 참여 기업 브랜드들에 대한 통제와 약속 그리고 관리 매뉴얼등을 개발하여 이들 참여 브랜드들의 역량을 서로 레버리지 하고자 하는 계약이다.

부가가치 창출면에서 공동 브랜딩은 마케팅 분야의 전략적 제휴중 가장 높은 수준의 제휴라고 평가할 수 있다. 공동 브랜드 사례들 중에서 특히 산업재의 경우 인텔 인사이드Intel Inside 캠페인의 경우처럼 다른 브랜드 제품의 부품이나 구성요소를 표기함으로써 브랜드 순 가치를 높이는 경우도 빈번한데 이를 '원재료 브랜딩' Ingredient Branding 이라고 부른다.

공동브랜드 작업은 참여기업들의 브랜드 가치를 정확히 평가하는 것에서부터 시작된다. 공동브랜드 작업에 참여한 파트너들은 시장 경쟁에서 차별성을 가지게 만드는 기본적인 고객 가치 즉 브랜드별 고유의 핵심 가치들을 가지고 있다. 공동브랜드 작업에서 위험이 있다면 이들 핵심가치들을 합쳐서 마이너스 시너지가 발생해 버리는 경우가 있을 수 있다는 점이다.

그러므로 성공적인 공동 브랜딩 작업을 위해서는 각 파트너들이 공동브랜드의 카테고리에 포함하는 것과 동시에 효과적으로 경쟁가능하게 하는 일반 가치를 반드시 공유하고 있어야 한다. 또한 공동브랜드 관계가 형성될 수 있는 가능성이 있는 파트너들의 브랜드 가치에 대한 공통성 또는 시너지가 가능한 부분에 대한 깊은 리서치가 필요하다. 성공적인 마케팅 제휴는 뛰어난 기업 정체성과 기업 의사소통을 요구한다. 왜냐하면 공동브랜드화 작업 역시 참여 기업들의 정체성과 기업간 의사소통 그리고 이들 역량들을 결집하여 시너지를 만들어 낼 수 있어야 하기 때문이다.

스위스 시계업체 Swatch 와 메르세데스-벤츠 가 공동브랜드화 하여 만든 소형차 Swatchmobile은 스와치의 브랜드 정체성을 자동차로 잘 살려낸 대표적인 타업종간 공동브랜드 성공 사례라고 할 수 있다.

공동브랜드를 활용하는 브랜드 레버리지 전략은 다음과 같은 다양한 장점이 있다. 첫째, 초기 시장 진입에 필요한 고정 투자비용을 공유하고 마케팅 비용과 위험을 획기적으로 감소시킬 수 있다. 둘째, 규모의 경제가 커지므로 고객에게 가격 및 판매 조건을 보다 유리하게 만들 수 있다. 셋째, 참여 기업들간 기술, 마케팅 지식 및 시장 정보를 공유하여 생산성과 품질을 상향평준화 시킬 수 있다. 넷째, 보다 신속한 스피드 경영으로 효율성이 높아지고 확장의 가능성이 커져서 생산 및 서비스 품목의 전문화가 가능해진다. 다섯째, 독자 브랜드에 비해 신속하게 시장 정착이 가능하고 해외시장 수출로의 전환이 용이해진다.

이 같은 장점들에도 불구하고 공동브랜드 사용의 한계점은 첫째, 한국 경영자들이 아직도 브랜드 경영 문화와 협력사업에 대한 이해가 부족하고 정보와 지식, 기술 공유에 매우 소극적이라는 점이다. 둘째, OEM에 의존하려는 보수적 경영성향과 바이어의 견제와 방해가 발생할 수 있다는 점이다. 셋째, 공동브랜드 사업에서 발생하는 투자와 수익 배분에 따른 갈등이 발생할 수 있다는 점이다. 넷째, 협력사의 뒷거래나 독립등 기회주의적 행위가 발생할 위험이 존재한다. 다섯째, 파트너 선정과 감독이 어렵고 품질 유지 관리도 어렵다는 점이다. 마지막으로 관리 책임과 소재의 불투명 그리고 도덕적 해이는 물론 신속한 의사결정도 어렵다. 이 같은 문제점들로 인하여 공동브랜드 사업이 좌초되거나 단기간으로 그치는 경우도 흔히 발생하고 있다.

Case 18

애플 Apple & 펩시 Pepsi

2004년 애플은 음악서비스 iTunes Music store를 출시하면서 소비자의 관심을 모으기 위하여 펩시와 공동 브랜딩을 선언하고 마케팅을 펼쳤다. 애플은 합법적 다운로드 시장을 활성화시키기 위해서 많은 소비자의 관심이 필요했다. 그래서 애플은 다운로드를 하는 소비자가 10대라는 것을 감안하여 10대들이 주 소비자층인 펩시와 손을 잡았다. 애플과 펩시의 공동 브랜딩 마케팅을 통해 펩시는 3억 캔을 팔고, 애플은 1억 곡을 무료 다운로드 할 수 있는 전략을 펼쳤다. 애플과 펩시는 광고를 통하여 저작권으로 다운로드를 하지 못하는 10대들에게 "얘들아 지금 노래 다운로드 해. 어서 빨리. 고발당하지도 않는단다, 정말이야" 라는 메시지를 띄었다. 광고에서는 펩시를 마시는 아이들이 나오고 펩시 뚜껑에 3캔 중 1캔 꼴로 무료 다운로드를 할 수 있는 URL을 적어 놓은 경품을 설명해준다. 광고의 마지막에는 "It' s the cola" 라는 태그라인과 펩시 로고와 "iTunes.com" 이 함께 화면이 나온다. 이 광고 때문에 iTunes는 수 백만 명의 신규고객을 끌어들이면서 성공적으로 디지털 음악시장에 포지셔닝 할 수 있었다. 펩시 또한 젊은 소비자에게 인기 있는 ipod의 애플과 공동 브랜딩을 함으로서 펩시가 추구하는 젊음을 더 어필할 수 있었다. 결국 애플과 펩시는 공동 브랜딩을 통하여 서로 win-win하는 효과를 얻었다.

Case 19

탑샵 Top shop & 케이트 모스 Kate Moss

kate moss TOPSHOP

버버리로 대표되던 영국의 브랜드에 대해 한국인들의 시선이 달라지고 있다. 합리적인 가격대와 높은 품질, 고급스럽고 세련된 디자인을 앞세운 Topshop은 영국의 대중 브랜드 중에서도 대표선수 격이다. Topshop은 영국 출신의 대표적 패션 스타이며 영국이 낳은 세계적인 모델인 케이트 모스와 함께 2007년 5월 'Kate Moss for Topshop 이라는 라인을 런칭했다. 케이트 모스의 패션을 따라하고 싶어 하는 이들에게 그녀의 스타일을 그대로 살리면서 그녀가 디자인 한 옷을 제공하였는데, 이는 20~30대 여성들에게 단순한 옷 이상의 가치를 부여했다. 케이트 모스 라인은 시크함의 대명사인 그녀의 스타일을 느낄 수 있음은 물론이요, 가격도 합리적이어서 많은 소비자들의 사랑을 받고 있다. 케이트 모스 라인은 케이트 모스라는 스타 파워로 명품들만이 입점할 수 있다는 뉴욕의 명품 백화점인 바니스(Barney' s)에 입점할 수 있었고, 입점

하루 만에 매진이라는 기염을 토해내기도 하였다. 이러한 성과는 Topshop의 제품의 우수성에도 이유가 있지만, 단순히 Topshop이라는 브랜드 네임만으로 불가능한 일이었다. Topshop designed by Kate moss가 바니스에 입점할 수 있었던 것은 Topshop의 우수한 품질과 합리적인 가격대, 그리고 각 명품 디자이너의 뮤즈이며 20~21세기에 걸쳐 영국을 대표하는 또 하나의 얼굴인 케이트 모스가 가지고 있는 가치가 더해졌기 때문이다.

Case 20

디즈니
Disney

디즈니하면 전 세계 어느 누구에게나 꿈과 희망을 떠올게 된다. 디즈니는 브래드 경영, 특히 브랜드 레버리지 분야에서 가장 모범적인 성공 사례로 꼽히고 있다. 디즈니는 아주 다양한 형태의 라이센스 계약을 통하여 디즈니 브랜드를 시장에 강하게 레버리지 시키고 있음을 알 수 있다. 첫 번째로 제품에 디즈니 캐릭터와 로고를 사용할 수 있는 허가권을 획득하고 이를 광범위 하게 사용하게끔 했다. 또, 음악 오디오, 출판, 소프트웨어 프로그램 까지 라이센스를 획득하여 전 세계 사람들이 전자제품에서나, 교육 프로그램에서 쉽게 디즈니 캐릭터를 만날 수 있게 되었다. 월트 디즈니사는 전 세계적으로 각 기업들과의 약 3,000건의 라이센스 계약을 맺고 있고, 라이센스 계약을 통해 총 16,000종의 제품이 출시되고 있다. 이처럼 디즈니사의 다양하고 적극적인 라이센싱전략으로 라이센싱 브랜드들의 매출이 회사 전체 매출의 75%를 차지하고 있다.

3.4 >> 이벤트, 스폰서십, 보증

장소(원산지, 유통채널)와 사물(라이센스, 이벤트) 그리고 사람(유명인, 연예인) 등을 활용하는 브랜드 레버리지 전략은 광고와 프로모션 활동에서 날로 확대되고 있다. 이러한 브랜드 레버리징에 관해서는 아래와 같은 두 가지 이론을 통해 그 원리를 설명할 수 있다.

첫째, McCracken(1989)이 제안한 의미전이 이론theory of meaning transfer 이다. 그는 촉진수단에 등장한 유명인은 다양한 대상과 사람, 상황들과의 연상 작용을 통해 강력한 의미를 지니게 되며, 이러한 상징적 속성들은 유명인 모델에서 제품으로, 제품에서 소비자들에게 전이된다고 하였다. 이 이론에 의하면 제품에는 문화적 요소가 가미되어있고, 브랜딩은 제품에 문화적 의미를 담기위한 과정이라고 볼 수 있다.

아커 Aaker(1997)는 브랜드 이미지는 소비자가 브랜드에 대해 가지는 전체적인 인상을 의미하는데, 브랜드와 관련된 여러 연상들이 결합되어 하나의 속성을 이루고 이를 통해 전체적인 인상이 만들어지게 된다고 하였다. 결국 마케터는 브랜드가 지닌 문화적 의미를 전달하기 위하여 유명인을 이용하여 소비자들과 커뮤니케이션하고 제품에 담겨있는 문화와 브랜드와 관련된 연상들을 소비자들과 공유하기 위해 노력하고 있는 것이다.

브랜드와 관련된 연상들은 촉진 수단을 통해 다양하게 개발될 수 있다. 예를 들어 세계 골프 황제 타이거 우즈나 한국 최고 골퍼 탱크 최경주를 생각하면 세계적 스포츠 브랜드인 나이키가 떠오른다. 나이키 가 브랜드에 담고자 하는 문화적 이미지는 승리의 여신 니케로 표현될 수 있으며, 각 스포츠 분야에서 '최고' 또는 '황제' 라고 인정받는 이들의 이미지가 브랜드로 전이되어 소비자들은 나이키에 대한 전체적인 인상을 형성하게 되는 것이다. KB국민은행 은 '대한민국 1등을 넘어', '모두가 1등이 될 수 있는 나라, 국민이 만듭니다' 캠페인을 통해 1등 은행의 이미지를 구축하고자 피겨요정 김연아의 이미지를 이용하고 있다. 국민은행은 김연아의 공식 스폰서로서 그를 모델로 한 광고를 제작하고, 자선 아이스 쇼와 각종 이벤트를 개최하고 있다.

둘째, 브랜드와 광고 모델간의 속성이 유사할수록 브랜드 태도, 구매 의도, 광고 내용에 대한 상기도가 높게 나타난다(Kahle and Homer, 1985)는 조화가설match-up hypothesis이다. 이는 광고모델이 가지고 있는 이미지와 제품이 전달하고자 하는 특성이 유사할수록 레버리지 효과 즉 광고효과가 높게 나타난다는 것이다. 이러한 조화가설을 설명하는 출발점은 스키마schema이다.

스키마는 인식론적으로 선험적 도식을 의미하며, 이전에 주어진 개념 또는 자극에 대해 체계적으로 형성되는 인간의 인지구조를 나타내는 것으로 많은 소비자행동 연구자들에 의해 소비자 인지적 과정을 설명하기 위해 이용되고 있다. 이 분야의 유명한 연구자 중 한명인 맨들러에 의하면, 기존의 스키마와 적절한 수준에서 수용할 수 있는 정보가 주어졌을 때 소비자들의 정보처리 욕구와 선호도가 증가한다는 것이다.

소비자들은 다양한 매체를 통해 접하게 된 특정 브랜드에 대한 정보들을 그물망처럼 서로 연결하여 스키마에 저장하고 있다. 특정 브랜드에 대해 형성된 스키마와 유사한 속성을 지닌 외부자극(즉 광고모델)에 대해서는 쉽게 받아들이고, 브랜드와 외부자극 모두 호의적으로 평가하게 된다. 반면 외부자극이 스키마에 있는 브랜드 정보와 유사하지 않다면 그 자극은 무시된다.

신병철(2004)은 기존 정보와 매우 상이한 정보가 들어오게 되면 새로운 정보를 우선 기존 정보 안에서 해결하고자 노력하지만 기존 기억체계로는 설명이 되지 않는 즉, 쉽게 해소되지 않는 정보에 대해서는 소비자 정보처리의 양이 줄어들고 제대로 된 기억구조를 가질 수 없으며, 그 결과 선호도도 낮아지게 된다고 하였다.

이동진 등(2008)은 그들의 연구에서 현대자동차 HYUNDAI 와 월드컵 FIFA 이라는 이벤트의 이미지, 로레알 L'ORÉAL 브랜드와 부산국제영화제 의 이미지가 일치할수록 소비자들이 이들 브랜드와의 관계를 더욱 강하고 깊은 것으로 인식하게 된다는 것을 실증적으로 보여주었다.

1) 이벤트

이벤트Event라는 말은 이미 우리 일상생활 속에서 매우 친숙한 용어이다. 많은 기업들이 소비자들과 효과적인 커뮤니케이션을 위해 지속적으로 새로운 형태의 커뮤니케이션 수단들을 개발하고 있는데 이들 중 이벤트는 우리의 일상생활에 깊숙하게 자리 잡고 있는 가장 친숙한 커뮤니케이션 수단이다. 이벤트는 그 종류가 많고 사용자에 따라 다른 개념으로 규정할 수 있기에 이벤트에 대한 다양한 해석이 가능하며 정확한 정의를 내리기 어렵다. 우선, 사전적 의미로 해석해보면 이벤트는 '예정된 좋은 일' 이라 할 수 있으며, 이것은 마케팅에서 판매촉진의 하나의 수단으로 '행사' 라는 개념으로 실행되고 있다. 일반적으로 이벤트란 '판매 증진이나 기업에 대한 호감도 조성 등 특별한 목적을 목표 대중에게 전달하기 위해 의도적으로 계획되고 집행되는 커뮤니케이션 활동' 을 말한다. 이상 정리해보면 이벤트는 특정 목적을 가지고 특정 기간 동안 특정 장소에서 특정 대상에게 호감을 주기 위한 모든 수단으로 인식할 수 있다.

이벤트를 활용한 마케팅 활동을 이벤트 마케팅이라 한다. 이벤트 마케팅이란 광고, 세일즈 프로모션, PR등 마케팅 커뮤니케이션의 모든 요소를 포함하여 이벤트에 대한 기업의 스폰서십을 통합하는 개념이다.

그리고 이벤트 마케팅은 월드컵, 올림픽 게임, 예술 작품 전시회, 또는 콘서트나 각종 스포츠 행사와 같은 특정 단기간 활동에 대한 재정적 지원을 하는 것으로 개념 규정을 하기도 한다. 동경광고마케팅연구회(Tokyo Advertising and Marketing Association, TAMA)는 이벤트의 종류를 전시형, 컨벤션, 판촉, 문화, 스포츠, 그리고 지역 축제형으로 구분하고 있다. 그러나 이벤트의 성공은 예측 불가능한 것이며 후원자의 통제 밖에 있을 수도 있고, 스포츠나 문화 이벤트의 후원의 경우 높은 비용이 발생하는 문제 때문에 많은 기업들은 회사명으로 스스로의 이벤트를 기획하기도 한다.

2) 스폰서십

광고와 판촉과 같은 전통적인 촉진 수단의 대체 방안으로 부각되고 있는 스폰서십sponsorship은 기업 브랜드 또는 기업이 생산하는 제품과 서비스 브랜드가 스포츠 행사, 음악회, 문화 재단 활동, 자선 단체 활동, 그리고 멤버십 커뮤니티 활동 등과 같은 특정 이벤트에 재정적, 인적, 그리고 물질적 지원을 하는 것을 말한다.

가장 대표적으로는 월드컵과 올림픽 그리고 국제 스포츠 경기 등 글로벌 스포츠 이벤트에 후원 기업이 되는 '스포츠 스폰서십'과 '메세나' mecenat로 잘 알려진 순수 문화, 예술 부분에 투자하는 '문화 스폰서십'을 떠올리면 된다. 스폰서십의 긍정적 효과는 스포츠 또는 문화 이벤트의 긍정적

이미지가 스폰서(기업 또는 브랜드)에 레버리지 되어 투자금액 이상의 긍정적 효과가 나타난다는 것이 지배적 의견이다. 최근에는 상업적인 목적이 강하게 풍기는 '스폰서' 보다는 서로에게 이익을 주는 '파트너' 라는 용어를 보다 더 선호하는 경향이 있다.

브랜드 지렛대로서 스폰서십은 다음과 같은 특징을 가지고 있다. 첫째, 스폰서십은 소비자들에게 핵심적인 메시지를 광고보다 오히려 더 쉽게 전달할 수 있는 촉진 수단이다. 광고의 경우에는 인위적으로 만들어진 환경에서 메시지가 전달되지만 스폰서십의 경우에는 매우 자연스러운 환경에서 좋은 취지의 메시지가 자연스럽게 전달되기 때문이다. 둘째, 광고와 비교하여 스폰서십은 비용 대비 효과성이 높은 것으로 알려져 있으며 광고 규제에서도 자유롭다.

이 같은 특성을 통해서 스폰서십은 스폰서에게 인지도와 기업명성 그리고 수익성을 동시에 제고시켜줄 수 있다. 스포츠 스폰서십의 경우 공식후원사, 공식공급업체, 공식 서비스 업체, 장비공급업체, 공식라이센스 등 다양한 형태가 있으며 특정 선수, 특정 팀, 특정 대회 또는 동시에 이들을 믹스하여 스폰서 계약을 체결할 수 있다.

3) 유명인과 제3자 보증

레버리지 효과를 가져오는 또 다른 방법으로 유명인을 활용할 수 있다. 유명인 보증Celebrity Endorsement이란 회사, 제품과 서비스 프로모션에 연예인 또는 유명인을 활용하는 것으로 흔히 '스타 마케팅' 으로 불리고 있다. 그러나 그 유명인이 스캔들로 곤경에 빠지거나 기타 사고등으로 이미지 관리에 실패하는 경우 오히려 브랜드 가치에 손상을 줄 수도 있음을 주지할 필요가 있다.

마지막으로 제3자 전문기관 평가와 보증을 브랜드 지렛대로 활용하여 브랜드 레버리징이 가능하다. 제3자 보증Third-Party Source이란 자사 브랜드를 정부, 학회, 협회, NGO 등 외부 전문단체에 의뢰하여 평가받는 방법을 말한다. 롯데제과의 히트상품 자일리톨 껌은 대한치과의사협회라는 제3자의 인증을 받았다는 사실을 강조함으로써 브랜드 가치를 제고시킬 수 있었다. 한국브랜드대상, 한국유통대상 등 각종 브랜드 관련 수상제도를 활용하여 브랜드 이미지를 제고하고 객관적인 시장 평가를 브랜드 가치상승에 반영할 수 있다.

Case 21

비자(Visa) 카드

비자카드는 올림픽을 활용한 스포츠 스폰서십 대표적 성공 사례이다. 올림픽은 200여개의 국가와 수십억 인구에 동시에 메시지를 전달할 수 있는 가장 큰 마케팅 플랫폼으로 이에 선정되면 동 · 하계 올림픽 모두에서 독점적으로 마케팅 활동을 펼칠 수 있다. 탑 TOP(The Olympic Partners) 프로그램 Programme은 올림픽 공식후원업체 지정 프로그램을 의미하는 것으로, 1988년 서울 올림픽을 시작으로 실시되었다. 이에 비자카드는 TOP 프로그램 1기(1988)부터 독점권을 선점하여 올림픽 경기장, 숙소 등에서 오직 비자카드만을 사용하도록 하고 있다. 예를 들면 올림픽 입장권을 판매하는 자판기는 오직 비자카드를 이용하여 결제를 해야 한다거나, 올림픽 지정 숙소에서 또한 비자카드 사용을 권장하였다. 결과적으로 비자카드는 올림픽 파트너가 된 후 3년 동안 전 세계 매출이 당초 예상치 12%를 훨씬 초과한 18%성장을 하였다. 특히 1987년 올림픽 스폰서십을 하기 전에 아시아 시장에서 3위를 차지하고 있었던 비자카드는 올림픽 스폰서십 후에 아시아 시장에서 1위를 차지하고 이었던 아메리칸 익스프레스를 제치고 아시아 시장에서 1위에 등극할 수 있었다. 소비자의 인식 또한 긍정적이었는데, '가장 좋은 카드' 라고 인식하는 소비자와 '국제 여행에 사용하겠다' 라는 소비자 반응이 50%나 증가하였다.

Case 22

아이비엠
IBM

IBM의 설립자 토마스 왓슨은 사회와의 관계 향상을 중요한 경영철학으로 삼고 문화지원을 포함한 '스폰서십 활동' 을 강조한 바 있다. 이 같은 IBM 설립자의 경영 철학은 지금까지 이어오고 있으며 박물관, 미술관, 도서관, 문화 관련 단체 등을 지속적으로 스폰서하고 있다. 특히 IBM은 보유 기술을 통해 스폰서십을 하는 것으로 매우 유명한데, 1999년에는 IBM은 자사가 보유하고 있는 기술력을 동원하여 세계 문화재 복원 사업을 지원하였다. 뿐만 아니라 각종 이벤트 등을 지원하는 'e-culture' 프로젝트를 개시하였고, 2000년에는 러시아의 에르미타주 미술관을 인터넷을 통하여 관람할 수 있도록 명화 디지털 도서관도 구축한 바 있다. IBM은 이같은 스폰서십 활동으로 2001년 미국상공회의소 최우수 Corporate Philanthropy 기업으로 선정되었고, 이어서 2002년 미국 Business Ethics 100대 우수기업 중 최우수 윤리 기업으로 선정 되는 등 "가장 윤리적인 기업" 이라는 명성을 얻고 있다.

Chapter Summary 3장 요약

▶ 브랜드 레버리지

원산지
✓Country-of-Origin
유통
✓Channels

공동 브랜드
✓Co-Branding
✓Ingredient branding
라이센싱
✓ Licensing

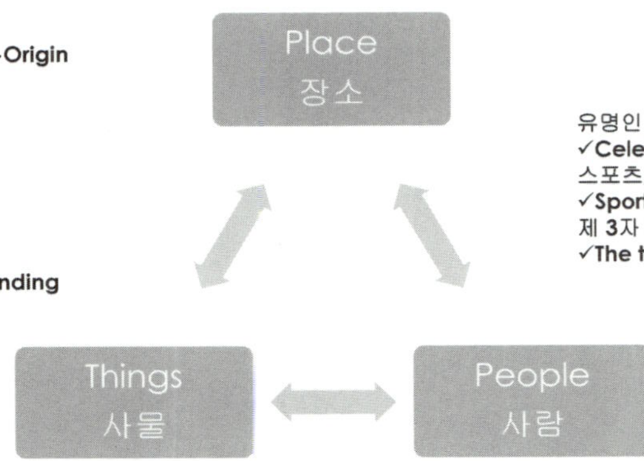

유명인
✓Celebrity spokesperson
스포츠,문화, 이벤트
✓Sports, Culture Events
제 3자 보증
✓The third-party sources

CHAPTER 04

브랜드 확장

He who increases in knowledge also increases in sorrow.
- Chinese Proverb

A
E
D
I

04 브랜드 확장

4.1 >> 왜 브랜드 확장인가?

1) 신제품과 브랜드 확장

브랜드 확장brand extension이란 소비자들에게 잘 인지된 기존 브랜드를 이용하여 마케팅 비용을 절감하고 높은 소비자 인지도를 확보하고자 하는 신제품 론칭 방법이다(Kotler, 1989).

기업의 입장에서 브랜드 확장은 소비자들이 기존 브랜드에 대해 이미 인지하고 있는 지식 체계를 신제품 출시 때, 효율적으로 활용하기 위한 저비용, 고효율 마케팅 전략이라고 볼 수 있다. 켈러 Keller(2003)는 브랜드 확장이란 기존의 브랜드 이름을 다른 제품 에 새로 소개하기 위하여 사용하는 것이라고 하였다. Baldinger(1990)는 브랜드 확장이란 좀 더 높은 판매 성장률과 투자 수익률(ROI), 그리고 광고와 촉진의 효율성을 얻기 위한 수단으로 신제품을 소개하기 위해서 기존 브랜드를 사용하는 것이라고 정의하고 있다.

초경쟁시대의 소비재 시장에서 신제품 출시에 대한 압박은 대단하다. 소비자들도 새로운 기능이 추가된 기능성 신제품을 구매하는데 주저함이 없다. 특히 프리미엄 이미지를 구축한 브랜드인 경우에는 신제품을 최소의 비용으로 론칭할 수 있는 방법이 바로 브랜드 확장이다.

Tauber(1988)가 미국의 식품 회사를 대상으로 연구한 결과에 따르면 신상품의 종류 총 7,000 여개 중 연간 매출이 1,500만 달러가 넘는 상품은 92개이며 이들 중 약 75% 이상이 브랜드 확장에 의한 것이었다.

많은 기업들이 초기에 강력한 인지도와 품질 연상을 고양시켜 신제품 구입에 따르는 소비자 리스크를 감소시키고자 노력 한다. 이에 따라 시험 구매를 촉진하고, 더 나아가 시장 점유율을 향상하고자 브랜드 확장 전략을 적극적으로 도입하고 있다.

실제로 우리가 생활 속에서 접하는 많은 브랜드는 기존 브랜드를 기초로 하여 다른 제품으로 확장한 것이 많다. 예를 들어 CJ 의 '식물나라' 브랜드 같은 경우, 식물나라 로션이 성공을 거두자 같은 브랜드 명으로 샴푸, 린스 등의 제품으로 출시하였다. 그 결과 식물나라 샴푸는 별다른 광고비 지출 없이 매달 3억 원에 가까운 광고비를 투입하는 같은 회사의 다른 샴푸 제품들과 비슷한 매출실적을 올리고 있다(안광효, 한상만, 전성률, 1999).

인터넷 기업에서도 브랜드 확장 사례는 쉽게 찾을 수 있다. 디자인 소품몰 사이트 1300 K가 1200 M 이라는 인테리어 전물몰로 확장한 경우, 도메인 등록대행사인 후이즈 WHOIS 의 경우, 후이즈 몰, 후이즈 오피스, 후이즈 디자인등 다양한 서비스 영역을 모브랜드와 연결하여 확대하였다.

필자는 프리미엄 브랜드 확장(brand extension)을 '프리미엄 가치를 가진 기존 브랜드를 다른 사업과 다른 제품군에 속하는 신제품 이름으로 사용하는 전략' 으로 단순히 정의하고자 한다. 이 정의에 따르면 브랜드 확장이란 다른 제품 카테고리에 속하는 신제품으로의 확장(category extension)을 뜻한다. 그러나 통상적으로 브랜드 확장이라고 말한다면 동일한 제품 카테고리 내의 신제품으로의 확장을 뜻하는 라인 확장(line extension)도 포함시키고 있다.

그렇다면 왜 브랜드 확장인가? 브랜드 확장은 자기 브랜드를 지렛대로 삼아 스스로 레버리징 하는 것으로 기업이 브랜드 확장을 시도하는 주요 동기는 이미 구축된 브랜드 에퀴티 즉 순가치를 신제품에 전이시켜 신제품의 도입 및 성공을 보다 용이하게 하고자 하는 데 있다. 신제품이 성공만 한다면 신제품 매출뿐 아니라 모 브랜드와 기업에도 긍정적인 피드백을 제공할 수 있다. 한마디로 브랜드 확장이 성공하는 경우 광고비와 BI 개발에 들어가는 거액의 추가 비용 없이 브랜드와 품질 연상, 브랜드 인지도를 확보할 수 있는 것이다.

따라서 브랜드 확장은 장기적인 기업의 성장을 도모하고자 대부분의 기업들이 관심을 가지고 있는 브랜드 마케팅의 핵심으로 신제품 시장 진입 전략의 백미라고도 할 수 있다.

2) 브랜드 확장의 장점과 단점

미국의 경우 1990년대 새롭게 출시된 소비재 제품 중에서 81%가 브랜드 확장을 통해 이루어졌다(Barone, Miniard & Romeo, 2000). 이처럼 브랜드확장은 이제는 일반적인 신제품 출시 전략이 되었다. 그러나 브랜드 확장을 통해서 새로운 시장으로 진입할 때 기회뿐 아니라 위협 요인도 존재한다는 점을 명심할 필요가 있다. 브랜드 확장의 장점과 단점을 요약해서 살펴보자.

① 브랜드 확장의 장점

첫째, 모 브랜드의 강점과 긍정적인 이미지를 통해 소비자들의 신제품에 대한 지각된 위험을 줄여줌으로써 신뢰감을 획득하고 소비자들의 반응을 긍정적으로 유도할 수 있다. 예를 들어 삼성 '애니콜' 이 우수한 통화품질로 소비자들에게 지각됨에 따라 핸드폰 시장에서의 리더십을 '애니콜 PCS' 로 성공적으로 확장해 갈 수 있었다.

둘째, 신규 브랜드 출시에 따른 막대한 초기 마케팅 비용을 상대적으로 절감할 수 있다. 새로운 브랜드가 탄생하기까지는 소비자 라이프스타일 분석, 환경 분석, 브랜드 컨셉 개발, 브랜드 네임 및 로고 개발, 패키지 개발 등 정교한 작업이 요구된다. 이를 위해서는 막대한 비용과 시간을 필요로 한다. 추가적으로 브랜드 확장은 갈수록 어려워지는 상표권 확보 및 보호 문제에서도 자유롭다.

셋째, 패키지 면에서 규모의 경제효과와 전시효과를 노릴 수 있다. 동일한 브랜드를 유사하거나 동일한 포장으로 여러 제품들에 적용함으로써 비용 절감 효과가 발생한다. 규모의 경제효과는 패밀리 브랜드를 관련 상품군에 계속적으로 확장하여 소위 '우산 효과' Umbrella effect를 발생시키는 상황에서 발생한다. 풀무원의 경우 생라면 시장과 다이어트 시장등 확장 브랜드에서의 성공을 바탕으로 두부, 콩나물 등 기존의 모든 식품 관련 브랜드가 패밀리 브랜드로 진화 발전 하여 '풀무원' 이라는 우산을 만들 수 있었다.

넷째, 브랜드 확장의 장점은 주로 모 브랜드가 확장된 브랜드에 끼치는 영향 즉 확장 효과extension effect만을 생각하는데 여기에다가 추가적으로 확장된 브랜드가 모 브랜드에 끼치는 긍정적 결과인 피드백 효과feedback effect도 기대할 수 있다.

이상 열거한 브랜드 확장의 장점을 극대화하기 위한 조건은 무엇일까? 확장 성공 요건에 대한 연구 중에서는 특히 모 브랜드의 특성과 브랜드 확장에의 '적합성'에 관한 논의가 가장 활발히 이루어져 왔다. Aaker와 Keller(1990)의 연구에 의하면, 모 브랜드에 대한 지각된 품질이 높을수록 즉 프리미엄 브랜드일수록 브랜드 확장 평가가 호의적인 것으로 나타났다. 브랜드 확장에 있어서의 적합성에 관한 연구는 대체로 모제품과 확장 제품의 유사성이 크게 인식될수록, 그리고 브랜드 개념이 서로 일치될수록 브랜드 확장이 용이해지고 확장 제품에 대한 소비자의 평가가 더욱 호의적이라는 결론에 도달하고 있다. 그리고 모 제품과 확장 제품이 유사할수록 母브랜드의 지각된 품질이 브랜드 확장 평가에 미치는 영향력이 더 커진다는 사실도 실증되었다.

Aaker(1990)는 브랜드 확장의 효과를 The Good, The Bad, The Ugly로 나누어 설명하였는데, 여기서 "The Bad 와 The Ugly"는 브랜드 확장이 실패한 경우로 모 브랜드가 희석되는 현상인 희석 효과dilution effect가 나타나게 된다.

성공적 확장 'The Good'이 되기 위해서는 확장에 대한 소비자 반응을 면밀히 분석할 필요가 있다. BrandWeek(2005)의 미국 소비자 조사결과 브랜드 확장 효과가 가장 클 것이라고 소비자들이 생각하는 브랜드들은 Apple, Nike, Starbucks, IKEA, Guiness, Dove, BMW, Aveda 등의 순으로 조사되었다. 이들은 해당 카테고리에서 프리미엄 브랜드 이미지를 구축하고 강력한 브랜드 개성을 구축하고 있는 브랜드들임을 알 수 있다.

② 브랜드 확장의 단점

확장에는 여러 가지 장점이 있지만 문제는 브랜드 확장 전략이 다음 이유들로 인하여 반드시 성공한다는 보장이 없다는 사실이다.

첫째, 유통업체들의 저항으로 인해 시장 진입 자체가 어려워 질 수 있다. 유통업체들의 지속적인 성장으로 판매대에서는 유통업체 브랜드(PB)와 제조업체 브랜드(NB)간의 경쟁이 가속화 되고 있다. 선진국 성숙기 시장에서 매년 신제품의 수는 두 자리수 성장을 하지만 소매업체의 진열대는 1~3% 확대에 그치고 있다. 이 같은 현실에서 3위 이내 들지 않는 브랜드의 경우 매대 확보 자체가 점차 어려워지고 있다.

둘째, 확장 제품의 실패는 신제품 실패뿐 아니라 모브랜드의 아이덴티티를 희석시키는 부정적인 영향을 미쳐 기존 브랜드의 성과를 잠식하는 결과를 초래할 수 있다. 맥주 브랜드 밀러Miller는 밀러 하이라이프 High life라는 모브랜드를 확장시켜 밀러 라이트Lite 라는 저알콜 맥주를 통해 시장 확대를 노렸으나 소비자에게 브랜드 혼동만을 야기시켜 모 브랜드인 밀러 하이라이프에까지 부정적인 영향을 끼친 사례가 있다.

셋째, 모 브랜드명이 어떤 특정 제품과 동의어로 사용이 되는 경우에는 브랜드 확장은 위험하다. 이러한 경우에 신규 카테고리로 브랜드 확장을 시도하게 되면 모 브랜드 커버리지 전체에 악영향을 미치기도 한다. 과거 맥주의 대명사였던 OB 맥주는 두산의 다른 계열사에서 발생한 '페놀 사건' 으로 말미암아 그 영향을 받아 결국 하이트에 맥주 1위 브랜드 지위를 넘겨주게 된 경우가 있다.

결국 지나친 확장, 그리고 잘못된 확장은 소비자의 마음속에 있는 위치한 모브랜드에 대한 특별한 포지션을 상실하게 만들 수 있으며 브랜드 확장을 계속하는 경우 최적의 브랜드 포트폴리오를 형성하지 못하면 자기 브랜드들 간의 자기잠식 경쟁으로 인해 시장 효율이 저하되는 경우가 발생할 수 있다.

Gibson(1990)은 브랜드 확장으로 인해 모 브랜드를 약하게 하고 희석시키는 것은 전체적인 브랜드 자산의 손실을 초래하는 것이라고 보았다. 그는 브랜드 확장의 실패로 인해 모 브랜드와 연관된 전반적인 측면에서 희석현상이 나타나는지, 제품 카테고리 속성신념에서 희석현상이 나타나는지를 연구하였는데, 그 결과 확장된 카테고리 속성이 모 브랜드 신념과 일치하지 않을 경우에 모 브랜드 희석현상이 발생하고 있는 것을 규명하였다.

그러나 소비자가 브랜드 확장을 대표적인 패밀리 브랜드(family brand)로 인식하고 있고 속성 신념이 측정될 당시 브랜드 확장의 대표성이 현저하다면 희석 효과는 크지 않은 것으로 나타났다.

실패한 브랜드 확장의 피드백 효과에 관해서는 상반된 연구결과가 존재한다. 먼저 Romeo(1991)는 부정적인 확장 정보가 주어진 경우의 브랜드 평가에 대하여 연구하였는데, 이 연구에서 부정적인 확장 정보가 모 브랜드의 희석에 영향을 미친다는 구체적인 증거는 발견되지 않았다. 유사성이 낮은 제품 카테고리로의 확장은 소비자들로 하여금 확장 제품을 모브랜드의 카테고리 내에서 따로 구획화(compartmentalization)하게 된다. 그러므로 모브랜드와는 상관없는 영역에서 일어난 결과로 생각하여 무시하게 되고, 이러한 결과가 나타나는 것이라고 보고 있다.

Case 23

비엠더블유 BMW

역동적이고 도전적인 자동차의 대명사라고 할 수 있는 BMW자동차는 라인확장의 대표적인 형태를 보여준다. 1959년 700 시리즈를 시작으로 1962년 1500 모델, 1966년 3 시리즈의 원조가 된 1600 모델이 선보였다. 그리고 현재까지 스포츠 세단인 3 시리즈, 세련되고 강력한 세단인 5 시리즈, 럭셔리함과 완벽함을 추구하는 세단인 7 시리즈, 세련된 컨버터블인 6 시리즈, BMW사의 SUV 차량인 X3와 X5, 지구상에서 가장 빠른 스포츠 세단인 M 시리즈, 007 골든아이에 출연하여 출시 전부터 관심을 모은 로드스터 시리즈 등으로 지속적으로 라인확장을 하고 있다. BMW의 브랜드 확장방식은 그 성능과 스타일에 따라 이루어진다. 특히 3, 5, 7 시리즈는 1990년 유럽 최대의 자동차 전문지인 AMS(Auto Motor and Sport)지에 세계 최고의 차로 선정되기도 하였다. 이처럼 BMW의 성공적인 라인 확장는 매년 신제품을 출시해야하는 산업군이 벤치마킹 할 수 있는 가장 모범적인 사례가 되고 있다.

Case 24

에스피엔
ESPN

스포츠하면 떠오르는 TV채널에는 무엇이 있을까? 바로 ESPN이다. 현재 디즈니 계열사인 The Walt Disney Internet Group에 속해있는 ESPN은 1979년 9월에 스포츠 팬이었던 라스무센 부자에 의해서 만들어졌다. 최초 시작은 TV채널이었지만 이제 ESPN마크를 찾아볼 수 있는 곳은 TV채널 뿐 만이 아니다. 스포츠 온라인게임, 익스트림 스포츠 용품, 레스토랑, 핸드폰, 잡지, 라디오, 스포츠 전문책 등 그 범위는 방대하다. "The Worldwide Leader in Sport" 라는 ESPN의 슬로건과 같이 이제 ESPN은 스포츠를 대표하는 대명사로 그 범위가 확장된 셈이다. ESPN의 브랜드 확장 예로 ESPN ZONE을 대표적으로 들 수 있다. 레스토랑인 ESPN ZONE은 스포츠를 테마로 한 식사와 오락이 겸비된 색다른 공간이다. 1998년 7월 볼티모어의 1호점을 기점으로 뉴욕 타임스퀘어 점, LA, 라스베가스 등 8개의 프랜차이즈를 가지고 있다. 세 개의 테마로 나뉘어져 있는 이곳은 스포츠를 즐기면서 식사를 할 수 있다는 것만으로도 스포츠 팬의 꿈이 이루어지는 공간이라고 할 수 있다. 스포츠를 즐기면서 다른 일을 할 수 있다는 것이 이곳의 가장 큰 장점인

데, 심지어 화장실에도 모니터가 마련되어 있는 등 관람하고 있는 스포츠를 단 한순간도 놓치고 싶지 않은 스포츠 광들을 위해 세밀하게 구성되어 있다. 더 나아가서 이곳에는 보는 스포츠는 물론 농구, 축구 등 일상적인 스포츠부터 암벽타기, 복싱 등에 이르는 여러 스포츠를 직접 즐길 수 있는 공간까지 마련되어 있다. 주로 시청하는 스포츠를 주도하던 ESPN이 여러 스포츠를 직접 즐길 수 있는 공간까지 마련했다는 점에서 TV 채널로서의 ESPN 브랜드를 체험 브랜드로 확장시킨 사례라고 할 수 있다.

Case 25

아스피린 Aspirin

ASPIRIN®

2,500여년 전부터 의학의 아버지인 히포크라테스는 진통 및 해열제로 버드나무 껍질 추출액을 사용하여 왔다. 이것이 초창기의 아스피린이다. 1897년 바이엘 사의 화학연구원이었던 펠리스 호프만은 합성된 아세탈 살리실산, 즉 안정적인 아스피린을 만드는데 성공하였다. 그리고 1899년 11월, 이 제품은 시장에 '아스피린' 이라는 이름으로 출시되었다. 아스피린은 출시 이후, 1925년 유럽 독감을 비롯하여 많은 생명을 구하는 등 반세기동안 현존하는 대표적인 진통제 브랜드로서 이름을 떨쳤다. 그러나 20세기 중반부터 부작용이 적고 자극적이지 않은 아세트 아미노펜과 이브프로렌(ibuprofen)이라는 성분들이 각종 위장장애, 소아의 간 손상 가능성 등과 같은 아스피린의 부작용이 없다는 점 때문에 관심을 받게 되었다. 이것은 성분과 제품이름이 동일했던 '아스피린' 에게는 더욱 치명적인 위험이 되었고, 이 성분들을 주성분으로 한 존슨 앤 존슨 사의 타이레놀(Tylenol)과 Wyeth사의 애드빌(Advil)이 시장에서 큰 성과를 거두는 계기가 되었다. 이에 바이엘 사는 이 상황을 타파하기 위해 기존의 아스피린이라는 이름이 아닌 '바이엘 셀렉트' 라는 새로

운 브랜드로 시장에 재출시하였다. '바이엘 셀렉트' 는 기존 제품과는 달리 주성분을 아스피린이 아닌 '아세트 아미노펜' 이라는 성분으로 바꾸면서 타사의 제품과 같이 '무 아스피린' 이라는 점을 강조하였다. 그러나 셀렉트가 출시 첫해에 시장 점유율 1% 미만을 차지하면서 이 제품으로 상황이 호전되리라고 기대했던 바이엘 사는 실망을 금할 수 없었다. 또한 엎친데 덮친 격으로 기존에 있던 아스피린의 매출액 또한 매년 10%씩 감소하면서 상황은 걷잡을 수 없이 악화되었다. 이것은 아스피린을 만드는 바이엘마저 셀렉트를 통해 '무 아스피린' 을 강조하면서 아스피린 성분에 대한 기존소비자들의 신뢰가 무너져 내렸기 때문이다. 결과적으로 바이엘 사가 무작정 대세를 따라 주력 상품을 무시하고 확장을 하여 자체 브랜드인 아스피린의 브랜드에 대한 부정적인 인상을 심어준 셈 이었다.

그러나 회생하기 어려워보였던 아스피린은 그 성분에 대한 새로운 기능이 밝혀지면서 제2의 전성기를 맞게 되었다. 1978년 캐나다 연구팀에 의해 아스피린이 뇌졸중을 비롯한 심혈관 질환에 효과적이라는 것이 밝혀진 것이다. 이 연구결과를 바탕으로 바이엘 사는 저용량 아스피린, 아스피린 프로텍트, 아스트릭스 등 아스피린의 이미지를 연계한 새로운 브랜드 확장 전략을 사용하였다. 그리고 이 심혈관 아스피린 제품들은 매출의 90% 이상을 차지하는 바이엘 사의 효자제품이 되었다.

4.2 >> 브랜드 확장의 유형

1) 브랜드 확장의 유형

브랜드 확장은 개념적으로 같은 제품군내에서 확장하는 라인 확장과 다른 제품군으로 확장하는 카테고리 확장으로 대별할 수 있다. 그리고 한 차원 더 상세히 들어가면 라인확장은 제품의 가격이나 품격등 등급별로 구분하는 수직적 확장(예: BMW 300, 500, 700)과 종류나 용도별로 확대하는 수평적 확장(예: 물먹는 하마, 냄새먹는 하마)이 있을 수 있다.

한편 카테고리 확장은 기술이나 고객에 기반을 둔 관련 확장(예: 풀무원 두부, 풀무원 다이어트 식품)과 완전히 신시장으로 진출하는 비관련확장(예: 샘표 간장, 샘표 커피)이 있을 수 있다. 일반적으로 수직적 확장의 경우 하향 확장이 보다 용이한 것으로 알려져 있고 카테고리 확장에서는 비관련 확장의 성공가능성이 비교적 낮다.

터보 교수Tauber(1988)는 기업이 브랜드 확장을 시도할 때 효과적으로 사용하는 7가지 유형의 브랜드 확장전략을 다음과 같이 제시하고 있다.

첫째, 다른 형태로 동일한 제품을 브랜드 확장하는 유형으로, 이는 동일제품을 형태만 달리하여 확장하는 경우로서 다른 제품 범주로 진출하는 가장 손쉬운 방법 중의 하나이다. 식품을 음료의 형태로 바꾸거나 냉동식품을 선반보관용

표 4.1 브랜드 확장의 유형

유형	분류	
라인확장 (Line Extension)	수직적 확장	상향 확장
		하향 확장
	수평적 확장	
카테고리 확장 (Category Extension)	관련 확장	기술기반 확장
		고객기반 확장
	비관련 확장	
자료: 나운봉, 전성률, 차태훈(2004), "브랜드 자산관리 전략", 산업정책연구원		

식품으로 바꾸는 것이 그 예이다.

둘째, 기존제품의 독특한 맛과 구성요소를 활용하는 유형으로, 새로운 제품에 기존 브랜드가 가지고 있는 독특한 맛이나 성분요소를 첨가하여 다른 제품군으로 확장하는 전략이다. 예를 들어 자일리톨 껌에서 자일리톨을 첨가한 음료수를 생산하는 경우이다.

셋째, 서로 보완성이 있는 동반 제품들 간에 이루어지는 확장 유형이 있다. 다른 제품들과 언제나 같이 사용되는 제품을 생산하는 것으로 코닥 카메라가 코닥 배터리를 내놓은 것이 이러한 확장의 한 예이다.

넷째, 동일한 소비자들을 대상으로 하여 이루어지는 확장 유형으로 동일 고객 프랜차이즈이다. 이는 기존의 충성 고객 군에게 또 다른 제품을 팔기 위하여 브랜드 확장을 시도하는 것으로, 이러한 확장은 고객이 원하는 것이고 확장된 브랜드에 대해 호의적 신념을 형성할 수 있는 것이어야 한다.

다섯째, 전문지식에 근거한 브랜드확장 유형으로 기술적인 전문성을 바탕으로 한 브랜드 확장이다.

여섯째, 보유된 편익 · 속성 · 특성 등에 근거하여 이루어지는 확장으로, 경쟁사보다 특별히 유리한 제품의 편익 · 속성 · 특성 등에서 생성되는 브랜드 이미지나 연상은 브랜드 확장에 이용될 수 있으며, 확장의 효과를 증대시킬 수 있다.

일곱째, 디자이너의 이미지와 명성을 이용한 브랜드 확장 유형이다.

기업은 위에서 정리한 4가지 개념 유형과 7가지 확장 유형등 다양한 브랜드 확장 유형을 적절히 선택하여 브랜드 확장 전략을 실행할 수 있다.

결론적으로 브랜드 확장에서 기업이 더 우선적으로 고

려해야 할 것은 이러한 전략이 기업의 마케팅 담당자 입장에서가 아니라 소비자들의 입장에서 고려되고, 개발되어야 한다는 점이다

2) 브랜드 컨셉별 브랜드 확장

박충환 교수등 Park, Jaworski, and MacInnis(1986)은 브랜드 컨셉관리(BCM: Brand Concept Management) 라는 전략적 브랜드 이미지 관리의 틀을 제시하면서 브랜드 이미지 관리는 브랜드 컨셉의 도입introduction, 정교화elaboration, 강화fortification의 세 단계로 이루어진다고 하였다.

브랜드 컨셉의 도입은 시장에 처음 제품을 도입하는 시점으로 브랜드의 이미지를 어떻게 구축해야 하는지를 수행하는 단계이다. 광고, 홍보, 이벤트 마케팅, 판촉 등을 통하여 확장 제품을 소비자에게 전달해주는 역할을 한다. 브랜드의 이미지 관리는 컨셉 도입 후, 정교화 과정이 중요하다. 브랜드 컨셉의 정교화는 도입된 제품을 보다 정교하게 다듬어서 브랜드의 가치를 상승시키는 과정이다. 도입된 브랜드를 정교화 시키는 과정에 브랜드 확장은 중요한 역할을 할 수 있다. 확장된 브랜드들이 서로 상승작용을 일으켜서 브랜드 컨셉 강화기에는 이들간 시너지 효과를 극대화 시킨 강력한 브랜드 이미지를 구축할 수 있게 된다.

예를 들어 GE는 전구가 시장에 도입된 후, 소비자에게 견고함이라는 이미지가 형성되었다. 그래서 소비자에게 형성된 호의적인 연상을 바탕으로 여러 종류의 전구를 시장에 출시하였다. GE는 여러 종류의 전구로 브랜드 가치를 더 정교화 시켰다. 브랜드를 정교화 시키고 난 후, GE는 냉장고, 에어컨, 세탁기 등으로 확장 제품을 출시하면서 GE의 기업 이미지를 더욱 강화시킬 수 있었다.

미국 켈로그(Kellog) 경영대학원의 티보트(Tybout)교수와 카펜터(Capenter)교수는 소비자 가치에 따라서 성능과 가격에 소구하는 브랜드를 '기능적 브랜드', 매력적인 이미지와 상징에 중점을 두는 브랜드를 '상징적 브랜드', 그리고 소비자와의 상호작용에 초점을 두는 브랜드를 '경험적 브랜드'로 개념화하였다. 그래서 기업은 어떤 유형의 소비자의 가치를 만족시킬 것인가에 따라 기능적, 상징적 그리고 경험적 브랜드 컨셉으로 분류하여 브랜드 확장 전략을 개발할 수 있다.

기능적 브랜드 컨셉은 모 브랜드가 가지고 있는 기능적 특징을 이용하여 브랜드를 확장시키는 것을 말한다. 기능적 브랜드 컨셉으로 브랜드 확장 전략을 성공시킨 브랜드는 바셀린이다. 바셀린은 기존의 다목적 약용크림이라는 기능을 이용하여 화상 치료, 화장을 지울 때 사용하는 클렌징, 입술 트는 것을 방지할 수 있는 기능까지 브랜드를 확장시켰다. 바셀린 (Vaseline)은 브랜드 확장을 통하여 기능적 브랜드 이미지를 더욱 정교화시키는데 성공했다.

상징적 브랜드 컨셉은 모 브랜드가 가지고 있는 상징(symbol)을 바탕으로 브랜드를 확장시키는 것을 말한다. 상징적 브랜드는 소비자가 브랜드에 갖고 있는 신뢰도와 호의적인 연상이 매우 높기 때문에 이를 바탕으로 제품을 다양하게 확장할 수 있다. 예를 들어 남성의 명품 정장을 상징하는 'Giorgio Armani GIORGIO ARMANI' 는 소비자에게 프리미엄 상징을 제공하는 이미지 브랜드이다. 그래서 'Giorgio Armani' 는 브랜드의 상징성 때문에 다양한 영역으로 브랜드 확장을 하는데 용이하다. 실제 'Giorgio Armani' 는 6개 의상라인은 물론이고, 런던과 밀라노의 카페, 피렌체의 레스토랑, 화장품, 가구, 꽃가게에 이르는 다양한 영역으로 브랜드를 확장하였다.

경험적 브랜드 컨셉으로 브랜드를 확장 시키는 일은 소비자가 브랜드를 이용하면서 느끼는 즐거움을 유지시키기 위하여 주 제품과 연관있는 종속적 제품을 출시하는 것을 말한다. 전 세계 여자 아이들이 좋아하는 마텔 사의 바비(Barbie)는 새로운 바비 인형뿐 아니라 인형 옷, 가구, 집, 차 그리고 액세서리를 다양하게 출시시킨다. 어린 아이들이 싫증을 내지 않도록 바비라는 주 제품에 연관된 제품을 다양하게 출시하는 것이다. 어린 아이들은 연관된 확장 제품을 계속 소비하게 되고 '바비' 라는 경험 브랜드 이미지는 더욱 강화된다.

Case 26

빅토리아 시크릿
Victoria Secret

VICTORIA'S SECRET

미국을 대표하는 란제리라고 하면 바로 떠오르는 것이 빅토리아 시크릿이다. 대중적이지만 고급스러운 이미지를 기반으로 한 빅토리아 시크릿은 1977년 로이 레이먼드에 의해 4만 달러로 샌프란시스코에 만들어진 전형적인 미국 속옷 브랜드이다. 부인의 속옷을 구입하면서 겪은 어려움을 바탕으로 남녀노소 누구라도 여성의 속옷을 구입하기에 부담 없는 곳을 만들고자 한 것이 그 시작이었다. 그렇게 소박하게 시작된 빅토리아 시크릿은 2006년 모회사인 리미티드사(Limited Co.)의 10조원 매출 중 50% 가까이 차지하는 51억 달러의 매출을 기록하는 효녀 브랜드가 되었다. 이런 상황이다 보니 리미티드사는 회사의 포트폴리오를 빅토리아 시크릿을 중심으로 한 란제리, 뷰티 사업으로 변경하고자 하는 움직임까지 보이고 있다.

빅토리아 시크릿의 모회사인 리미티드 사가 물론 미국 여성들의 마음을 흔들어 놓을 수 있었던 이유에는 지속적인 브랜드의 확장이 큰 역할을 했다. 유통방식, 제품 브랜드의 확장, 제품 종류의 확장 등 빅토리아 시크릿은 여러 면에서 브랜드의 확장을 통해 크게 성장할 수 있었다.

빅토리아 시크릿은 14개 이상의 내부 브랜드를 가지고 있는 모 브랜드이기도 하다. 여성스러움과 날개로 연상되는 빅토리아 시크릿의 대표브랜드인 Angel by Victoria secret, 섹시함과 글래머러스함을 한층 업그레이드 시킨 Very sexy와 glamour by victoria' s secret, 일정 소재로만 전체 라인이 만들어진 second skin satin이나 VS cotton라인 등이 기존 속옷 라인에 해당한다. 거기에 속옷은 물론 의류나 패션소품 등으로 제품을 확대함과 동시에 고객층을 10대~20대 여성들로 확장시킨 기숙사 패션(Dorm wear)을 기반으로 한 Pink라인도 있다. 그와 더불어 최소의 패드로 가슴을 완벽하게 커버하는 Ipex, 봉제선이 나타나지 않도록 한 장의 천으로만 만들어진 Secret Embrace, 모든 체형에 잘 맞고 몸에 맞는 옷을 입어도 속옷을 입은 흔적이 드러나지 않는 Infinity edge 등 브라에 다양한 소재, 와이어, 피팅 기술을 접목한 테크놀로지 라인들도 있다. 실제 내부 브랜드 중 단연 성공적인 브랜드로 꼽히는 Pink의 경우, 고객층을 10대까지 확장하는 역할을 했다. 핑크색으로 무장한 강아지, 홈웨어, 가방 등 다양한 품목들로 10대 여성 고객들의 눈을 사로잡은 셈이다. 이와 같이 고객들은 각각 브랜드가 가지고 있는 귀여움, 섹시함, 여성스러움과 뛰어난 성능을 가진 제품들이 한 매장에 있기 때문에 어떤 상황에서라도 그에 맞는 속옷을 사기 위해서 빅토리아 시크릿을 지속적으로 방문하고 구매하게 되는 것이다. 또한 각 브랜드들은 단순한 특징이 아닌 각 내부 브랜드들이 갖는 기능적 면은 많은 속옷 브랜드들 중에서 빅토리아 시크릿을 찾게 되는 결정적인 이유이기도 하다.

1995년, 속옷 카테고리 킬러라고 불리던 빅토리아 시크릿은 그 사업 자체를 뷰티사업으로 까지 확장하기로 하고 뷰티 러시(Beauty Lush), 드림 엔젤(Dream Angel)등 향수, 바디케어라인의 제품을 생산해오고 있다. 이것은 란제리와 뷰티로의 연장선상에 있는 제품으로의 확장으로 성공적인 브랜드 확장 사례라고 하겠다. 더 나아가서 빅토리아 시크릿은 성장분야인 피트니스 웨어 사업으로의 확장을 준비하고 있다. TNS 리테일 포워드의 애널리스트 켈리 테킷은 "피트니스 웨어는 현재 가장 핫한 카데고리" 라고 표현한 바 있다. 그리고 이 카데고리에 빅토리아 시크릿이 진출하는 것은 기존 고객들에게 어필할 수 있는 확장방식이 될 것이라고 하였다. 즉, 이전까지의 제품 확장은 새로운 고객들을 위한 것이었다면 스포츠웨어인 VSX로의 확장은 기존 고객들을 위한 새로운 형식의 확장이 될 것이라는 것이다.

Case 27

빅Bic

시계하면 롤렉스, 티슈하면 크리넥스, 칫솔하면 오랄비. 우리는 이와 같이 브랜드명이 제품을 대표하는 경우를 흔히 볼 수 있다. 그렇다면 볼펜하면 떠오르는 브랜드는 무엇인가. 볼펜하면 Bic이다. 우리에게는 모나미 펜이 더 익숙할지 모르지만 세계적으로 볼펜을 대표하는 브랜드는 바로 Bic이다. 단순하지만 화려하고 재미있는 디자인, 쓰기에 편한 일회용 볼펜이 바로 볼펜의 대명사 Bic이다. 하지만 이제 우리가 Bic의 로고를 접할 수 있는 곳은 볼펜만이 아니다. 이제 Bic은 볼펜의 수식어를 넘어 마커와 수정 테이프 등의 문구류를 비롯하여, 라이터, 남성. 여성 면도기 등 종합 일회용 제품의 대명사로 진화하고 있다.

Bic은 프랑스에 본사를 둔 일회용 제품 회사로 1945년 프랑스의 잉크 제조자인 마르셀 비슈(Marcel Bich)와 그의 파트너인 에두아르 뷔파르에 의해 설립되었다. 1938년 헝가리의 저널리스트이자 출판가인 비로 형제에 의해 만들어진 현대식 볼펜에 대한 라이선스를 사들인 비슈는 1949년 최초의 빅(Bic) 볼펜인 빅(Bic) 크리스탈 볼펜을 출시함으로서 볼펜의 대명사로 이름을 떨칠 수 있었다. 구슬을 펜촉으로 하여 잉크가 세어 나오지 않게 만들어진 비로 형제의 현대식 볼펜은 어떠한 조건에서도 사용할 수 있는 볼펜으로 제2차 세계 대전 때 영국 공군에 의해 최초로 사용되었다. 이렇게 일부에서 사용되던 제품을 대중화, 일반화 시킨 것이 곧 빅(Bic)볼펜이었던 것이다. 그렇게 20여 년간 일회용 볼펜을 주축으로 필기구 부속사업 분야에서 1위를 유지하던 빅(Bic)사는 이에 만족하지 않고 1973년 일회용 라이터를 시발점으로 새로운 사업으로의 브랜드 확장을 시작하였다. 안전을 최우선으로 생각하는 일회용 라이터인 빅 라이터는 빅 라이터 클래식, 좀 더 쓰기 편리한 빅 전자동 라이터, 예쁘고 실용적인 빅 라이터 스페셜 에디션, 다목적 빅 라이터와 케이스가 있는 빅 라이터 등 5개 이상의 내부 라인을 가지고 있다. 또한 이와 더불어 1975년 빅 사는 최초로 면도날과 손잡이가 분리되지 않는 남성용 플라스틱 일회용 면도기인 빅 쉐이버(Bic Shaver)로 한 발 더 나아갈 수 있었다. 이 제품은 일회용 플라스틱 제품을 만드는 기술의 모든 노하우가 집합된 제품으로 빅 사의 최고의 히트 제품 중 하나이기도 하다.

빅 사는 기존 제품 내의 확장 뿐 아니라 연관성이 있는 타 카테고리로의 확장을 통해 확장실패의 위험성이 적으면서 더 다양한 시장으로의 진출이 가능했다. 또한 이를 통해 얻은 성과에 힘입어 빅 사는 기존 카테고리 내의 제품 확장은 물론 1981년 윈드 서핑보드를 시작으로 한 빅 스포츠 같은 회사 내 기존 제품과는 전혀 성격이 다른 제품군으로 지속적인 확장을 모색하고 있다.

Case 28

도브Dove

바닷물에서도 거품을 낼 수 있는 비누. 이 비누가 바로 뛰어난 보습과 클렌징 기능으로 대표되는 도브 비누이다. 제2차 세계대전 시 효과적인 전투를 위해 고기능의 제품들에 대한 개발이 활발히 전개되었고, 그 중에 하나가 군인들의 위생을 위한 제품의 개발이었다. 그 전까지의 제품들은 바닷물에서는 거품이 나지 않을 뿐 아니라 씻고 난 후에 피부에 많은 자극을 주었기 때문에 새로운 클렌징 제품에 대한 개발이 절실했다. 이에 도브의 모회사인 레버 브라더스(현 유니레버)는 1955년 어떠한 상황에서도 거품이 잘 나고 미용 클렌징크림 성분을 배합하여 얼굴에 자극을 주지 않는 비누를 만들었다. 그것이 바로 오늘 날까지 비누시상의 24%를 차지하고 있는 도브의 베스트셀러 제품인 도브 모이스처라이저 페이셜 바(비누)이다. 이 성공으로 도브는 페이셜 제품시장에서 단연 유리한 고지를 점할 수 있었다. 그러나 1990년대 유니 레버의 경쟁사인 P&G사의 올 레이(Olay)가 등장하면서 그동안 안정적으로 시장을 점유하고 있던 도브에게 위기가 다가왔다. 경쟁 브랜드인 올 레이는 시장에 진입 1년 후 올 레이 바디 워시를 추가 출시하면서 동일 카테고리에서 25%

이상의 시장점유율을 보이는 기염을 보였다. 위기의 도브에게 새로운 분야로의 확장만이 이 상황을 타개할 수 있는 유일한 방안이었다. 그러나 이미 1965년 비누의 성공에 힘입어 주방세제 시장으로 확장을 시도했다가 경쟁사인 팜 올리브에 의해 실패를 경험한 도브였기에 새로운 시장으로의 확장은 큰 부담이었다. 새 카테고리에서 후발주자였던 도브는 1999년 도브 뉴트리엄이 출시되기 전까지 5년여 간 해당 카테고리에서 고전을 면치 못했다. 하지만 바디 워시의 뛰어난 성분들을 피부에 보다 효과적으로 흡수시킬 수 있는 도브 뉴트리엄의 신기술로 인해 시장에 안정적인 위치를 차지함과 동시에 기존 제품에 비해 50% 이상의 프리미엄 가격과 뉴트리엄의 기술을 접목시킨 비누를 통해 기존 비누 시장에서도 이전보다 30% 이상의 성장을 보이는 피드백 효과까지 볼 수 있었다. 이것을 계기로 브랜드 확장에 자신감을 가지게 된 도브는 데오도란트라는 새로운 시장으로 확장을 시도했다. 산뜻함을 중시하는 데오도란트 시장에서 보습을 중시하는 도브의 브랜드 이미지는 오히려 역효과를 불러올 수 있었다. 하지만 "Next stop, armpit heaven" 이라는 성공적인 브랜드 슬로건으로 이미 성숙단계의 데오도란트 시장에서 연 5%의 시장 성장율을 보이면서 새로운 제품으로 도브를 확장시키는데 성공했다. 그 이후 도브는 도브 프로 에이지(Dove Pro-Age), 도브 에너지 글로우(Dove Energy Glow), 도브 카밍 나이트(Dove Calming Night), 도브 쿨 모이스처(Dove Cool

Mois-ture), 도브 센서티브 스킨(Dove Sensitive skin) 등의 5개의 라인 구조에서 헤어, 페이스, 데오도란트, 핸드 & 바디로션, 비누 & 바디 워시의 카테고리로 제품들을 계속 확장해 나가고 있다. 각각 독특한 특징을 가진 라인들은 소비자들의 다양한 선택을 가능하게 하고 있다.

4.3 >> 브랜드 확장의 성공 시나리오

1) 브랜드 확장 전략

브랜드 확장을 성공시키기 위해서는 다음 세 가지 고려요인을 명심하여야 한다.

첫째, 확장 제품군과의 연상의 호의성이다. 브랜드 확장을 하기 위한 가장 기본적인 조건은 소비자가 모 브랜드를 얼마나 호의적으로 생각하느냐 이다. 소비자가 브랜드에 대해서 호의적인 연상을 갖고 있어야지만 그 호의적인 연상이 브랜드를 확장할 때 전이되기 때문이다. 소비자가 브랜드에 대해서 비호의적으로 생각하고 있다면 브랜드를 확장시킬 여유가 없다. 소비자가 브랜드에 호의적으로 연상하고 있다면 기업은 브랜드 확장의 방향과 확장 제품군을 결정할 수 있다.

둘째, 브랜드 확장 제품군의 성공 가능성을 객관적으로 평가할 수 있어야 한다. 기업은 브랜드를 확장 시켰을 경우, 브랜드에 영향을 주는 손익을 파악해야 한다. 브랜드 확장에 실패 했을 경우에는 모 parent 브랜드에도 부정적 영향을 끼칠 수 있기 때문에 브랜드 확장 제품의 평가는 긍정적, 부정적 시나리오를 만들어 본 후 신중히 접근하는 것이 필요하다.

먼저, 소비자 분석을 통해 성공 가능성을 평가할 수 있다. 소비자들이 모 브랜드에 가지고 있는 연상이 확장 제품에서는 어떻게 작용될 지를 파악해야 한다. 소비자 조사에서는 소비자에게 확장 제품이 모 브랜드와 어울리는지를 직접적으로 물어보는 방법이 있다. 그리고 모브랜드가 확장 제품을 했을 경우, 무엇이 연상되는지를 물어보는 방법이 있다. 이처럼 기업은 소비자 조사를 통해 예상 확장 대상을 줄일 수 있다. 한편 기업은 소비자 분석뿐 아니라 자사가 브랜드 확장을 통해서 시너지 효과를 확실히 얻을 수 있는지의 여부를 파악해야 한다. 또한 확장 제품과 같은 제품군을 생산하는 경쟁 업체의 분석도 필요하다. 소비자 조사 결과 브랜드 확장을 통해 제품을 출시하였을 경우 호의적인 반응이 나타났다고 하여도 다른 경쟁 업체의 제품을 구매할 수 있는 확률은 얼마든지 존재하기 때문이다.

셋째, 확장 제품을 위한 마케팅 프로그램을 설계하고 평가할 수 있어야 한다. 모 브랜드에 대한 소비자 연상도 호의적이고, 소비자 분석과 경쟁 업체의 조사를 통해서도 긍정적인 반응을 얻어서 확장 제품을 출시하였다고 하자. 그러나 모 브랜드의 호의적인 연상에만 의존하여 확장 제품을 위한 적절한 마케팅 프로그램이 준비되어 있지 않으면 시장에서 소비자에게 외면 받을 수 있다.

브랜드 확장은 모 브랜드의 브랜드 요소를 사용하는 것 뿐 아니라 기업 이미지, 광고 모델, 원산지, 유통 채널 등 다양한 브랜드 연상 및 레버리지 요인들에 의해 형성되는 복합적인 효과이기 때문에 이들 모두를 적절히 고려하고 활용하는 새의 눈(bird' s eye)이 필요하다.

2) 브랜드 확장의 성공 시나리오

브랜드 확장의 성공을 가장 크게 좌우하는 것은 결국 소비자가 모브랜드에 가지고 있는 호의적인 연상이다. 그렇기 때문에 모브랜드를 통해 확장 제품을 성공시키기 위해서는 모브랜드의 특징을 다각적으로 고려해야 한다.

첫째, 모 브랜드가 상징적인 컨셉을 가진 브랜드인 경우 보다 확장이 용이하다. 소비자 마음속에 특별한 상징으로 자리 잡은 브랜드는 소비자의 심리적 · 사회적 만족을 통해 그 가치를 창출한다. 따라서 기능적 브랜드나 경험적 브랜드에 비해 상대적으로 쉽게 인지도와 선호도를 확보할 수 있을 뿐 아니라, 브랜드의 대상 영역을 확장하는데 보다 용이하다.

둘째, 소비자는 고품질 프리미엄 브랜드에 대해서 다른 브랜드에 비해 더 많은 신뢰와 믿음을 가지고 있다. 이 경우 브랜드에 대한 소비자의 신뢰가 높기 때문 유사성이 떨어지는 브랜드 확장을 하였다고 하더라도 다른 브랜드에 비해 더 호의적인 반응을 보일 것이다.

셋째, 소비자가 모브랜드에 대해서 특별한 호의적인 연

상을 가지고 있지 않더라도 확장 제품은 성공할 수 있다. 모 브랜드가 확장 제품과 관련 있는 특정한 연상을 가지고 있거나 적합성이 매우 높은 경우 확장 제품은 성공할 가능성이 높아진다. 예를 들어 McDonald는 온 가족이 즐겨먹을 수 있는 음식으로 '가족, 아이들' 과 같은 브랜드 연상을 가지고 있다. 그래서 McDonald 는 햄버거와 같은 패스트푸드에서 다양한 음식으로 확장할 수 있지만 '가족, 아이들' 이란 브랜드 연상을 통해서도 이와 관련된 제품으로 확장 할 수 있다. 그래서 기업은 성공적인 브랜드 확장을 위해서는 제품의 범주화와 유사성에 대해 보다 폭 넓은 시각을 가질 필요가 있다.

넷째, 특정 제품을 대표하는 브랜드 중에서 보통 명사화될 정도로 인지도가 높은 경우 카테고리 브랜드 확장이 오히려 힘들어진다. 화학 조미료하면 '미원' 이라는 연상을 한다면 미원은 소비자에게 확실히 제품 연상에는 성공하였지만 한편으로는 화학 조미료에 대한 너무 강력한 브랜드 연상으로 천연조미료와 기타 제품에 대해 브랜드 확장이 쉽지 않다. 그래서 우리는 특정 제품범주를 대표하는 브랜드들이 브랜드 확장에서 실패하는 경우를 종종 볼 수 있다. 따라서 특정 제품범주를 대표하는 간판 브랜드는 브랜드 확장에 있어서 모 브랜드를 직접적으로 연상시키지 않는 방법으로 확장을 시도해야 하겠다.

Case 29

버진그룹 Virgin

1971년 리처드 브란손(Richard Branson)은 그의 동료 닉(Nick)과 함께 우편 통신으로 음반 할인판매를 시작하였다. 리차드 브랜슨은 런던 옥스퍼드가에 첫 사무실을 열었고, 버진그룹의 시초인 버진 레코드가 탄생하게 되었다. 버진 레코드는 단지 음반을 판매만 하는 것이 아닌 음악을 좋아하는 사람들이 모여서 음악을 공유할 수 있는 공간을 제공하였다. 버진 레코드의 이런 서비스는 소비자를 만족시켰고, 버진 레코드의 성공으로 1972년에 버진 레코딩 스튜디오, 73년에는 버진 뮤직으로 사업을 확장하였다. 음반판매에서 제작사로 버진 뮤직은 상당한 성공을 거두었다. 1984년 2월에 리처드 브랜슨은 미국 변호사로부터 항공사업을 해보라는 제안을 받았다. 그 당시 영국은 영국 항공(British Airways)이 항공시장을 장악하고 있었다. 그러나 리차드는 고객이 지불한 금액 보다 더 큰 감동과 재미를 준다면 승산이 있을 것이라고 보고 버진 애틀랜틱(Virgin Atlantic)을 시작하였다. 버진 애틀랜틱은 기내에서는 비디오, 음악, 게임은 물론 목욕, 이 · 미용 뿐 아니라 무료 안마 서비스까지 받을 수 있고, 모임을 가질 수 있게 배려하는 등 파격적인 서비스를 제공하였다.

버진은 버진 뮤직, 버진 애틀랜틱 등 기업에 대한 좋은 이미지와 마케팅 전략을 바탕으로 1980~1990년대에 적극적으로 사업을 확장하였다. 방송(Virgin Radio, Virgin TV), 호텔, 비디오산업, 출판사, 광고, 철도(Virgin Rail), 화장품Virgin Vie), 영화, 금융(Virgin Direct), 게임, 의류(Virgin Clothing, Virgin Jeans), 음료 및 주류(Virgin Cola, Virgin Energy, Virgin Vodka)까지 확장 분야도 매우 다양하다. 특히 1999년에는 종합 연예 · 스포츠 사이트인 버진 넷(www.virgin.net)을 개설하여 영국에서 가장 인기 있는 인터넷 사이트의 하나로 성장시켰다. 최근 버진이 확장을 하는 것 중 가장 주목 받고 있는 것은 버진 모바일 Virgin Mobile이다. 도이치 텔레콤(Deutsche Telekom)과 합작투자해 무선인터넷 시장에 진출하는 등 급속히 성장하고 있다. 영국 기업 중에 가장 창의적이라고 평가 받는 버진(Virgin) 그룹은 현재 250개가 넘는 계열사와 80억 달러가 넘는 매출을 만들고 있다. 한마디로 버진은 브랜드 확장의 대표적인 성공사례로 손꼽힌나. 버진은 확장한 다양한 사업영역에서 버진이 갖고 있는 정체성에 버진이라는 동일한 네임을 사용하고 있다는 면에서 버진의 브랜드 가치가 얼마나 호의적으로 작용하는지 알 수 있다. 버진의 CEO 리차드 브란손은 "제대로 활용하기만 한다면 브랜드가 할 수 있는 역할에는 거의 아무런 제한이 없다고 믿는다" 라고 말한바 있다. 이처럼 버진은 브랜드 확장의 한계에 도전하고 있는 영국 대표 기업이다.

Case 30

소니 Sony

SONY

소니는 일본을 대표하는 세계적인 파워 브랜드이다. 그리고 소니 브랜드 파워를 바탕으로 성공적인 브랜드 확장을 보여주는 사례이기도 하다. 소니는 1990년대 중반 이데이 노부유키 회장이 내세운 '디지털 드림 키즈(Digital Dream Kids)' 의 비전을 바탕으로 브랜드 포트폴리오를 재구축하였다. 워크맨(walkman), 아이보(AIBO-개인용 엔터테인먼트 로봇), 트리니트론(trinitron-TV), 베가(Wega-TV), 카 오디오(car audio-모바일 엔터테인먼트), 플레이스테이션(playstation), 클리에(CLIÉ-PDA), 바이오(VAIO), 사이버샷(cyber shot), 핸디캠(Handycam)등은 모두 소니의 15개 하위 브랜드중 하나로 소니의 브랜드 확장의 영역을 보여준다.

소니의 임원인 데니스 욘(Denise Yohn)은 "소니는 기업 브랜드를 위한 진정한 마케팅 프로그램은 단 한반도 없었다. 소니는 하위 브랜드를 통해 소니를 이야기 한다" 고 말한다. 현재 소니는 성공적인 하위 브랜드를 보유하고 있는 소니 전자뿐 아니라 Sony Computer Entertainment(게 임), Sony Music

Entertainment(음악), Sony Pictures Entertainment(영화), '소니 생명보험', '소니 손해보험', '소니 파이낸스', '소니 은행'을 포함하는 금융 서비스 회사, Sony Communication Network의 확장된 사업 영역도 가지고 있다.

Chapter Summary 4장 요약

▶ 브랜드 확장

브랜드 확장 Brand Extension

가치	모 브랜드	라인확장	카테고리확장	
기능	Dove	Dove Pro-Age, Dove Energy Glow, Dove Calming Night Dove Cool Moisture Dove Sensitive Skin	헤어, 페이스, 데오도란트, 핸드&바디로션,비누&바디워시	
상징	Giorgio Armani	Armani Privé (오뜨꾸뛰르 맞춤주문) Giorgiao Armani Armani Collezioni Emporio Armani Armani Exchange Armani Jeans Armani Junior	카페, 화장품, 레스토랑, 꽃가게 , 까사	 
경험		Angel by Victoria's Secret, Very sexy, Glamour, 2nd skin satin, VS cotton	뷰티, 향수, 바디케어, 피트니스웨어	

▶ 브랜드 확장 성공 시나리오

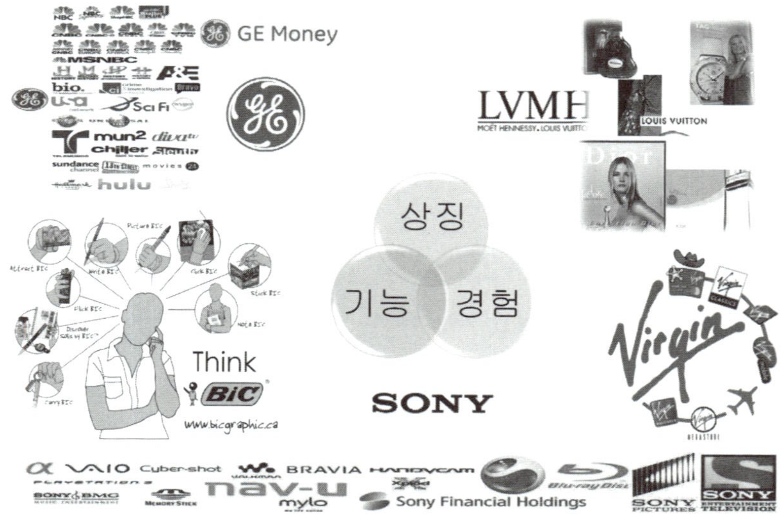

CHAPTER 05

리브랜딩

Branding is a journey, not a destination.
- Andrew Welch, Landor Associates

A
E
D
I

05 리브랜딩

리브랜딩 Rebranding이란 사전적 정의로 기업과 조직이 이미지를 갱신하거나 변화를 꾀하기 위하여 브랜드를 수정하거나 변경하는 모든 브랜드 혁신 활동을 말한다. 소비자 욕구는 계속해서 변하고 목표 고객도 고령화되면서 기존 브랜드를 계속하여 리뉴얼해야 해야 함은 마케터의 숙명이다.

그러나 지난 수년간 또는 수십년간 구축해온 기존 브랜드의 아이덴티티와 이미지를 수정한다는 것은 이 또한 리스크와 부작용을 수반할 수 있다. 이번 마지막 장에서는 브랜드 노화에 대응하는 브랜드 혁신 전략에 대하여 살펴보기로 한다.

5.1 >> 브랜드 포트폴리오

1) 브랜드 포트폴리오

리브랜드를 위해서 가장 먼저 해야 하는 과제는 우리 조직의 브랜드 포트폴리오를 만들어 보는 일이다. 브랜드 포트폴리오란 기업이 현재 관리하는 모든 브랜드의 리스트와 시장에서의 위치를 한 눈에 파악할 수 있는 현황판으로 '브랜드 아키텍처' 라고 부르기도 한다.

브랜드 포트폴리오를 전략적으로 관리하기 위해서는 브랜드의 현재 포지션뿐만 아니라 향후에 진출하고자 하는 영역까지도 고려해야 한다. 그래서 브랜드 포트폴리오의 목표는 개별 브랜드 아이덴티티와 포지셔닝 목표와는 그 차원이 한단계 높다고 볼 수 있다. 브랜드 포트폴리오의 목표는 전사적 입장에서 보유 브랜드 간의 시너지 효과를 창출하고, 브랜드 총 자산을 레버리지하며, 시장에서 우리 브랜드들의 연관성을 유지하고 신규 브랜드는 개발하기 위한 것이기 때문이다. 이 같은 총체적 그림을 바탕으로 향후 신규 브랜드 론칭Entry 전략과 시장 퇴출 Exit 전략등도 수립되어져야 할 것이다.

브랜드 포트폴리오 전략이란 브랜드 포트폴리오의 구조와 범위, 역할, 그리고 포트폴리오 브랜드간의 상호 관계를 구체화하는 행동 계획을 말한다. 브랜드 포트폴리오의 목표는 포트폴리오 내에서 시너지 효과, 레버리지, 그리고 명확성을 확인하며, 연관성을 유지하고, 차별적이고 활력을 제공하는 브랜드를 개발하는데 있다.

브랜드 포트폴리오 전략은 조직의 내부 구조를 반영해서는 안 된다. 조직의 내부 구조는 변화하는 환경에 적합하게 대처하도록 융통성 있게 운영할 수도 있지만, 고객의 마음속을 도식으로 그려낸 브랜드 아키텍처는 내부조직과는 관계없이 그려져야 하기 때문이다. 따라서 건실한 브랜드 포트폴리오 전략을 개발하고자 한다면, 단지 고객에게 어떻게 명확하게 어필 할 수 있는지에만 관심을 두어야 한다.

브랜드 포트폴리오 관리에 있어서 가장 모범적인 사례가 될 수 있는 기업은 디즈니 Disney 이다. 디즈니사의 브랜드 포트폴리오 전략을 살펴보면 디즈니가 보유하고 있는 수백 개의 브랜드화 된 심벌과 캐릭터가 일사분란하게 관리되고 있음을 알 수 있다. 디즈니사의 브랜드 포트폴리오 사례가 우리에게 주는 시사점은 모든 브랜드의 역할을 명확하게 규정해 주고, 개별 브랜드들의 이미지를 강화하고 전체적으로는 기업 브랜드 파워를 극대화 할 수 있게 포트폴리오가 설계 되어 있다는 점이다. 더 나아가서 주요 브랜드들이 영화에서부터 디즈니 스토어, 프로모션, 라이센스에 이르기까지 다양한 방법으로 레버리지를 극대화하고 있다는 점이 그 특징이다.

브랜드 포트폴리오 맵은 브랜드 위계도로 표시되어진다. 이는 기업의 전 제품을 망라하여 차별적인 브랜드 요소의 수와 특성을 보여줌으로써 명백하게 브랜드 위계를 보여 준다. 이러한 위계구조는 기업에 의해 판매되는 제품들 사이의 잠재적인 브랜딩 관계를 보여줌으로써 사업의 향후 브랜딩 전략을 도식적으로 나타내는 유용한 도구라고 할 수 있다. 결국 모든 복잡한 조직의 브랜드 구조 논리는 브랜드 위계도brand hierarchy tree 또는 브랜드 가계도brand family tree를 통해 일목요연하게 나타낼 수 있다. 특히 다수의 복합 브랜드multiple brand를 가진 기업은 각 브랜드에 대한 위계도상의 위치를 주기적으로 정리할 필요가 있다.

브랜드 위계도는 브랜드 포트폴리오를 평가하는데 상당한 도움을 주기 때문에 리브랜드를 위해서는 꼭 필요한 기초 현황판이다. 그리고 브랜드 위계도를 적절히 설계하기 위해서는 위계도 단계의 수와 각 단계에 속한 브랜드들이 한 제품을 위해 어떻게 조합 되는가, 그리고 한 브랜드가 다양한 제품들에 어떻게 연결 되어 있는지 등에 관하여 전략적 의사결정을 내려야만 한다.

예를 들면 태평양 화학이라는 기업 브랜드corporate brand와 아모레라는 패밀리 브랜드family brand, 라네즈라는 개별 브랜드individual brand, 그리고 진이라는 브랜드 수식어modifier를 사용하는 네 가지 단계가 있을 수 있다. 결국 브랜드 위계도를 확인한 후 는 다음 크게 세 가지 차원의 브랜드 전략을 기획하여야 한다.

① 기업 브랜드(corporate brand) 전략

기업 브랜드 전략은 브랜드 위계도상에서 기업 브랜드 자산에 잠재적으로 영향을 미칠 수 있는 서로 다른 연상을 부각시켜 기업 브랜드를 강화시키고자 하는 전략이다. 이미지 연상을 살펴보면 개별 브랜드와 마찬가지로 기업 브랜드도 제품관련 또는 비 제품관련 속성이나 혜택에 대한 연상 뿐 아니라 태도에 관한 연상도 불러일으킬 수 있다. 예를 들면 기업은 특정한 문제를 해결(LG LG전자, Black & Decker BLACK&DECKER)해 주거나 기쁨과 재미를 부여(에버랜드 EVERLAND RESORT, Nintendo Nintendo, Harley Davison HARLEY-DAVIDSON)해 주거나 최고 수준의 품질(신라호텔 THE SHILLA SEOUL, Sony SONY)로 만들어졌거나 첨단적이거나 혁신적인 기능(NHN nhn, 3M 3M)을 가지고 있다는 것을 상징하는 제품이나 서비스와 연결될 수 있는 것이다.

소비자들은 앞에서 언급한 연상 이외에 기업에 대해 보다 추상적인 믿음을 가질 수도 있다. 기업 브랜드에 대해 특히 중요한 연상은 기업의 신뢰성 trust이다. 이는 한 기업이 소비자의 욕구와 필요를 충족시키는 제품과 서비스를 제공해서 안정적으로 공급해 준다고 소비자들이 믿는 정도를 의미한다. 따라서 기업 신뢰도는 시장에서의 기업 명성과 직결되는 연상으로 기업의 장기 생존과 직결된다.

② 패밀리 브랜드

패밀리 브랜드는 기업 브랜드와 마찬가지로 광범위한 제품군에 걸쳐 사용되는 브랜드이다. 주요한 차이점은 패밀리 브랜드가 기업 브랜드와 전혀 별개의 것일 수도 있기 때문에, 기업 수준의 연상들이 부각될 가능성이 더 작아질 수도 있다.

일부 학자들은 이러한 유형의 브랜드를 레인지 브랜드Range Brand 또는 엄브렐러 브랜드Umbrella Brand라고 말하기도 한다. 패밀리 브랜드는 몇 가지 이유로 기업 브랜드 대신에 사용되기도 하는데 제품의 차별화 정도가 클수록 기업 브랜드보다 패밀리 브랜드의 사용가능성이 더 커진다. 그리고 패밀리 브랜드는 공통된 연상들을 서로 차별되는 여러 가지 제품에 연결시킬 수 있는 효율적인 수단이 될 수 있다. 그러므로 제품당 발생하는 마케팅 비용을 최소화시킬 수 있다는 장점이 있다. 그러나 동시에 패밀리 브랜드의 속성상 멤버 한 제품의 실패가 다른 제품에 미치는 부정적인 영향이 클 수 있다는 단점도 있다.

③개별 브랜드

개별 브랜드는 비록 서로 다른 모델, 패키지 크기 또는 특징에 따라 여러 가지 제품 유형이 제시될 수도 있지만 본질적으로는 하나의 제품군으로 한정된다.

개별 브랜드 관리의 주요 장점은 이 브랜드와 이를 지원하는 마케팅 활동이 특정 제품에 맞추어 준비되어 특정한 고객층의 욕구를 충족시킬 수 있다는 점이다. 따라서 제품 디자인, 마케팅 커뮤니케이션 프로그램 그리고 가격 및 유통 전략뿐만 아니라 브랜드 명, 로고 및 다른 브랜드 구성요소들 모두가 특정한 목표 시장에 초점을 맞추어 설계될 수 있다. 그리고 개별 브랜드가 실패나 난관에 부딪혔을 경우, 다른 브랜드와 기업자체에 대한 위험이 최소화 된다. 그러나 단지 개별 브랜드만의 이미지를 구축하는 데는 많은 어려움이 있다. 그 이유는 충분한 시장성을 가진 브랜드 자산을 구축하기 위해 별도의 마케팅 프로그램을 개발해야 하며 이에 따르는 복잡성과 비용 때문이다.

2) 브랜드 포트폴리오 전략의 핵심지침

브랜드 구루Guru인 데이비드 아커 David Aaker는 Brand Portfolio Strategy(2004)에서 성공적인 브랜드 포트폴리오 전략을 위한 핵심 지침을 제시해 주고 있다. 아래에서는 Aaker의 지침 중 가장 핵심적인 일곱 가지 지침을 소개하기로 한다.

첫째, 브랜드 투자에 대한 자원을 전략적으로 할당해야 한다. 자원의 할당은 현재 브랜드가 생산하고 있는 매출과 이익에 기초해서가 아니라 포트폴리오 내의 브랜드 역할에 따라서 할당되어야 한다. 미래의 파워 브랜드와 틈새 브랜드는 충분한 자금을 지원 받아야 한다.

둘째, 브랜드 포트폴리오 전략을 비즈니스 전략 그리고 개별 브랜드 전략과 연결시켜야 한다. 비즈니스 전략은 제품-시장의 성장 방향, 기업의 경쟁 원천이 되는 가치 제안, 그리고 강점이 되는 자산을 명시해준다. 브랜드 전략은 포트폴리오 안에 있는 브랜드들의 아이덴티티와 브랜드 포지션을 포함하고 있어야 한다.

셋째, 브랜드 포트폴리오의 목적을 고려해야 한다. 포트폴리오 전략이 포트폴리오 시너지와 레버리지, 명확성을 향상시키고 연관성, 차별화, 활력을 제공하는 브랜드를 창출한다는 목적을 어느 정도 달성하고 있는지에 대해 정기적으로 평가해야 한다. 이러한 평가는 포트폴리오 전략 진단audit을 통해 이루어질 수 있으며 포트폴리오 대안 및 이슈들을 도출해낼 수 있다.

넷째, 차별화 요소를 바탕으로 강력한 브랜드 포지션을 창출해야 한다. 만약 브랜드가 BMW 라면 차별화는 BMW의 엔진에 해당한다. 성숙기 시장에서 차별화를 획득하고 유지하는 것은 어려운 일이다. 한 가지 방법은 브랜드화된 차별화 요소, 즉 적극적으로 관리되는 브랜드 제품 특성, 제품 구성요소, 서비스, 또는 장기간에 걸쳐 목표 제품에 대해 의미 있는 차별성을 창출하는 프로그램 같은 요소들을 개발하고 적용하는 것이다.

다섯째, 타산업과 외부 브랜드를 포트폴리오의 일부분으로 관리해야 하고, 브랜드 제휴를 통해 장기적인 전망과 지원 프로그램을 개발해야 한다. 브랜드 제휴와 같이 외부 브랜드를 사용하는 것은 새로 출현하는 시장 트렌드에 신속하고 강력하게 대응할 수 있게 지원해 준다. 또한 브랜드 확장에 따른 위험을 최소화시켜 줄 뿐만 아니라 브랜드 가치 구축을 위한 공동 투자를 가능하게 한다. 그리고 브랜드 제휴 파트너들은 브랜드 포트폴리오의 일부이기 때문에 제휴브랜드와 브랜드 포트폴리오 상에 있는 또 다른 브랜드들 간의 관계를 정립하고 관리해야 한다.

여섯째, 파워 브랜드, 프리미엄 브랜드는 지속적으로 레버리지 해야 한다. 성장을 위한 대안 중 하나는 확장을 통해서 브랜드를 레버리지 하는 것이다. 적합성을 가지며, 연상 이미지와 고객 기반을 통해 가치를 증대시켜 줄 브랜드 확장 기회를 계속 모색해야 한다. 브랜드 확장은 가시성, 연상 이미지, 활력, 성장 영역에의 접근, 커뮤니케이션 효율성 등을 제공함으로써 기존 브랜드 이미지를 향상시킬 수 있다. 브랜드 보증인으로서 또는 마스터 브랜드로서 레버리지하면 보증인으로서 신제품에 신뢰를 부여할 수 있으며, 또한 신제품의 연상 이미지와 가시성으로부터 편익을 얻을 수 있다.

일곱째, 기업 브랜드를 레버리지 하고, 적극적인 관리

를 해야 한다. 기업 브랜드는 조직의 전통, 자산, 기술, 구성원, 가치, 공공성 그리고 성과를 포착하기에 가장 적합하기 때문에 강력한 마스터 브랜드 또는 보증 브랜드가 될 수 있다. 따라서 기업 브랜드는 차별화의 잠재적인 원천이 된다. 그리고 기업 브랜드는 본질적으로 규모가 크고, 분산된 여러 사업 조직이 사용하기 때문에 연관성을 유지하고, 장기적이고 일관된 브랜드 아이덴티티를 구축할 수 있도록 적극적으로 관리해야 한다.

Case 31

테스코 Tesco

테스코는 1924년 설립된 영국 최대 식품유통기업이다. 우리나라 소매산업 대형마트 업계 2위 홈플러스의 지주회사이기도 하다. 기존에 존재하는 매장 혹은 유통방식 내에서 고객들이 편의를 고려하는 방식과는 달리 테스코는 고객들이 다양한 방법으로 쉽게 자신들의 매장을 찾을 수 있도록 기업을 계층화하는 방식을 사용하고 있다. 즉 테스코는 고객들의 취향과 기호에 맞춰 포맷(format)과 포뮬러(formula)를 다양하게 만들었다. 포맷은 '업태' 를 뜻하고, 포뮬러는 특정 소매업체가 운영하는 브랜드화된 사업 포트폴리오를 의미한다.

테스코의 성장은 새로운 포뮬러를 개발하면서 고객들의 욕구를 만족시켜주는 전략에 힘입은 바 크다. 테스코 사업은 현재 총 여섯 가지의 포뮬러로 구분할 수 있다. 첫 번째는 하이퍼마켓 형태의 테스코 수퍼 스토어(Tesco Super Store)이다. 500평 규모(1,900~4,700m²)의 이 매장은 식품을 비롯하여 의류 등 일부 비 식품분야까지 갖춘 중~대형 매장의 형태를 띠고 있다. 두 번째는 편의형 슈퍼마켓인 테스코 익스

프레스(Tesco Express)가 있다. 2000년에 편의점과 주유소가 합쳐진 형태에서 현재의 편의형 슈퍼마켓으로 컨셉의 변화를 거치며 최근에 들어 가장 각광을 받고 있는 유형의 매장이다. 300m²의 규모로 지역 밀착형 신선제품 전문점으로 공간 확보가 쉽지 않은 도시에도 매장을 입점가능하다는 장점을 가지고 있다. 이 유형의 경우 평균적으로 2,500개의 상품을 보유하며 그 중 PB(Private Brand)의 비중이 매우 높다. 세 번째는 우리나라의 'GS 25' 나 'Family Mart' 와 같은 편의점 형태인 테스코 메트로(Tesco Metro)가 있다. 이것은 주로 도심에 위치하며 일상이 바쁜 회사원을 주 타깃으로 하여 즉석 식품이나 샌드위치, 샐러드 등 필요한 물건을 언제든지 가까운 곳에서 구입할 수 있도록 하는 형태라 할 수 있다. 네 번째는 월마트나 이마트와 같은 대형할인점 형태인 테스코 엑스트라(Tesco Extra)이다. 필요한 것을 한 곳에서 한 번에 구입할 수 있는 원스톱 쇼핑을 목표로 식품은 물론 의류, 가정용품, 가전 등 다양한 카테고리의 비식품 제품들을 판매하고 있다. 매장의 총 크기 5,600m²로 단연 다른 형태의 매장 유형보다 그 크기 면에서도 매가(Mega)급이며 상품의 구색 또한 다른 여느 형태보다 가장 폭넓기도 하다. 다섯 번째는 테스코가 선보인 새로운 포맷으로 의류를 포함한 비식품 전문매장인 테스코 홈플러스이다. 2008년초 영국내 7개의 매장이 운영 중이다. 그리고 마지막으로는 온라인 쇼핑몰, 테스코 닷컴(Tesco.com)이다. 테스코는 이처럼 여러 유형의 포퓰러를 통하여 고객들이 필요한 순간 언제 어디서나 쉽게 접하고 만족스러운 구매를 가능하게 할 수 있었다. 테스코의 이러한 브랜드 계층화는 단순히 회사의 사업의 다양성이 아닌 고객 측면의 다양성을 고려한 브랜드 포트폴리오의 대표적인 성공사례라고 하겠다.

5.2 >> 브랜드 리뉴얼

소비자 기호가 변화하거나 기술혁신에 의한 신기술의 등장으로 사업 환경이 변화하여 기존 브랜드 가치가 약화되거나 브랜드 이미지의 노후화 문제가 발생했을 때는 브랜드 이미지의 개선작업을 위하여 브랜드 리뉴얼 전략이 요구된다.

리뉴얼 전략은 대표적으로 브랜드 명을 변경하는 것을 포함하여 브랜드 아이덴티티의 구성요소들 중 하나 이상을 수정하고 변경함으로써 노후화된 이미지를 개선하거나 새로운 이미지를 부가적으로 창출하기 위한 전략으로 브랜드에 활력을 불어넣는 작업이다.

브랜드 리뉴얼은 기존 브랜드 컨셉을 유지하면서도 녹색성장 등 새롭게 등장한 이슈를 반영하여 변화를 꾀할 수 있다. 한마디로 장수 롱런long-run 브랜드를 구축하기 위해서는 브랜드 리뉴얼 작업이 필수적이다.

그러나 브랜드 수명을 늘이는데 필수적인 작업인 만큼 브랜드 개발 초기부터 장기적인 리뉴얼 시나리오를 가지고 있어야 한다. 또한 전략을 성공적으로 이끌기 위해서는 창조적인 변화 내용과 방향뿐만 아니라 리뉴얼의 적절한 시기선택 즉 타이밍도 매우 중요하다.

1) 브랜드 리뉴얼의 개념

브랜드 리뉴얼은 기존고객을 유지하는 차원을 넘어 기존 고객과의 관계를 보다 강화하고 신규 고객층을 더욱 효과적으로 모객하기 위하여 전개된다. 그리고 소비자들의 사용감 등 욕구를 반영하는 것은 물론 소비 트렌드까지도 반영한다. 한편 브랜드 리뉴얼은 가격 갈등이나 유통과정에서 야기된 문제를 해소하고 브랜드 포지셔닝을 재정립하기 위한 수단으로도 활용될 수 있다.

리뉴얼은 변화하는 소비자의 욕구와 트렌드를 반영해야 하기 때문에 경제 · 사회 여건 변화를 고려하고, 새 시대에 새로운 사고방식과 능력을 가진 소비자를 가정하여 미래 소비생활의 변화 될 모습을 조심스럽게 살펴볼 필요가 있다. 많은 사람들은 브랜드 리뉴얼을 주로 패키지나 브랜드 로고의 변화를 통해 이루어지기 때문에 디자인 리뉴얼로 잘못 인식하고 있는 경우가 많다. 그러나 브랜드 리뉴얼 전략은 브랜드의 핵심 아이덴티티 일관성을 유지하는 한도 내에서 제품에서의 변화는 물론이거니와 브랜드 네임과 브랜드 로고, 슬로건 그리고 브랜드의 개성 등의 변화까지도 모두 포함된다.

시각적인 측면에서의 변화만을 추구하는 디자인 리뉴얼 전략은 브랜드 리뉴얼이라고 부르기 보다는 브랜드 로고 수정 또는 보완이라고 보아야 타당하다. 업계에서는 '브랜드 재활성화brand revitalization' 라는 용어도 쓰이고 있는데 브랜드 재활성화도 브랜드에 활력을 불어넣어 브랜드를 강화하는 것을 의미하므로 브랜드 리뉴얼과 동의어로 보면 되겠다.

기업이나 제품이 아닌 국가나 도시의 경우에도 브랜드 리뉴얼이 가능한가? 기업과 달리 공공의 목적을 추구하는 도시나 국가의 경우는 리브랜딩, 리뉴얼이라는 용어에서부터 저항이 만만치 않다. 그러나 리브랜딩, 리뉴얼로 성공한 도시나 국가들의 사례에서 우리는 많은 시사점들을 찾아볼 수 있다. 왜냐하면 도시 리뉴얼은 장소 마케팅place marketing 경쟁력을 개선하기 위한 최선의 방법이기 때문이다.

리브랜딩을 추구한 대표적 국가 사례로 스페인을 들 수 있다. 프랑코 총통 시절에 스페인은 유럽의 대표적 낙후지역으로 인식되었다. 그러나 독재 종식 후 스페인은 리브랜딩을 통해 자국의 이미지 개선을 위한 노력을 경주했다. 그 결과 오늘날 스페인은 유럽에서 문화예술 활동이 가장 활발한 나라로 재평가 받고 있다.

도시가 브랜드 리뉴얼을 하려는 이유는 기존의 도시 이미지와 향후 도시가 추구하려는 방향이 맞지 않는 경우 그리고 리브랜딩을 통하여 단기적으로는 외국관광객 유치에 일조하고 장기적으로는 국내외 인재들을 도시로 끌어들여 도시 내에 새로운 상권과 매력적인 커뮤니티를 만들기 위한 것이다. 그리고 더아가서 궁극적으로는 세계 유수 기업들을 유치하여 도시 경쟁력을 높이고자 하는 것이다.

최근 들어 도시 리브랜딩을 통해 풍부한 문화자원을 갖춘 창조 도시 이미지를 구축하는 것은 21세기 도시경쟁력의 핵심 화두가 되고 있다. 그 대표적 예가 싱가포르이다. 싱가포르 브랜드 리뉴얼은 크게 문화예술, 미디어 엔터테인먼트, 디자인 등 세 가지 축에서 추진되었다. 대표적 문화공간인 에스플러네이드(Esplanade)의 경우 공연예술, 시각예술, 페스티벌이 어우러져 열릴 수 있는 최적의 공간을 제시하고 있다. 또한 외국기업 및 자본과의 적극적인 제휴로 미디어 엔터테인먼트 분야의 전문인력을 양성하고 싱가포르에서 드라마와 영화 등의 로케가 이루어지도록 하여 도시 이미지를 전 세계에 알리는데 주력했다. 싱가포르 레드 닷 디자인 박물관(Red Dot Design Museum)은 세 번째 축인 디자인 부문을 대표한다. 이 박물관은 현재는 세계적인 자동차나 의류제품들의 아시아 론칭 행사가 집중될 만큼 디자인 및 창조활동의 구심점이 되고 있다.

이처럼 도시 리뉴얼이 최근 각광을 받고 있는 것은 관광지로서 그리고 투자지로서 도시간 경쟁이 보다 격화되고 있고 방문객과 기업투자가 한 도시를 죽고 살리는 핵심 요소가 되고 있기 때문이다.

2) 브랜드 리뉴얼의 방법론

브랜드 리뉴얼은 첫째, 브랜드가 진부화 되거나 부정적 이미지가 발생하는 경우 이를 쇄신하는 경우 둘째, 현재 성공적으로 시장을 리드하고 있지만 새로운 트렌드에 탑승하여 더 업데이트된 기업 철학을 반영하거나 미래지향적인 이미지로 업그레이드 하고자 하는 경우 각각 사용할 수 있다.

① **진부화 이미지 쇄신**

소비자들이 해당 브랜드에 대해 인지도가 낮아졌다거나 너무 제한된 연상만이 이루어져 브랜드의 활력이 약화되는 등 브랜드에 대한 소비자의 인지적 측면에서 문제가 발생하였을 때 새로운 CI 나 BI를 도입하여 신선한 브랜드 이미지를 구축하고자 하는 리뉴얼 전략이다.

주방가전의 대명사 쿠쿠 CUCKOO Cukkoo의 경우 뻐꾸기 모양의 과거 BI가 진부화되자 브랜드 리뉴얼 통하여 브랜드를 혁신하는데 성공했다. 미원의 경우도 인지도는 높았으나 화학 조미료라는 부정적 이미지를 희석하기 위해서 '청정원' 이라는 자연친화적 패밀리 브랜드를 도입하여 브랜드 리뉴얼을 성공적으로 수행한바 있다.

리젠트 증권의 경우에는 부정적인 사건 발생으로 인한 이미지 실추를 극복하기 위해서 BRIGE 증권 BRIDGE 브릿지증권 으로 브랜드명을 교체하는 브랜드 리뉴얼작업을 통하여 위기를 극복했다. 피자헛 도 2005년 이후의 피자 시장의 부진을 극복하기 위한 전략으로 '파스타 헛' 으로 스토어 브랜드를 리뉴얼하고 있다.

그러나 리뉴얼은 브랜드 아이덴티티의 희석화 문제도 동시에 수반하는 경우가 대부분이기 때문에 이 전략을 성공적으로 수행하기 위해서는 브랜드 강화활동과 마찬가지로 지속적이고 일관된 마케팅 지원이 이루어져야만 한다.

② 브랜드 이미지 업그레이드

브랜드가 한 단계 업그레이드 되기 위해서는 브랜드 요소(브랜드 네임, 로고, 심벌, 캐릭터, 슬로건 등)들도 변화해야 하는데 이 경우 기업들은 주로 브랜드 네임이나 로고의 변화를 시도한다. 예를 들어 이름을 생략해서 쓰거나 첫 글자만 따서 부르는 식의 변형 형태를 사용하여 기업의 입장에서는 기존 브랜드 가치를 훼손하지 않으면서 동시에 부정적인 제품 연상을 희석시키고 이미지를 개선할 수 있는 효과를 누릴 수 있다.

1990년대 한국의 대표기업들인 선경 SUNKYONG 鮮京그룹 이 SK SK 주식회사로, 한국화학이 유통업에 진출하면서 한화 한화로, 포철이 포스코 posco로, 금성이 LG LG로 브랜드 네임을 바꿈과 아울러 로고도 변경한 것은 기존 브랜드보다 한 단계 이상 업그레이드 된 보다 과학적이고 현대적인 이미지를 소비자에게 심어주기 위한 시도였다고 할 수 있다. 세계 최고의 기업 중 하나인 미국의 GE GE는 기존의 글로벌 생활가전 업체에서 미디어를 포괄하는 새로운 포지션을 만들기 위해서 100년 동안이나 사용하던 "We bring good things to life" 라는 브랜드 슬로건을 "Imagination at work" 이라는 슬로건으로 리뉴얼 하였다. 이는 미래 사업 철학과 방향성을 브랜드에 반영하는 브랜드 리뉴얼의 대표적인 모범 사례이다. 페더럴 익스프레스의 경우 커뮤니케이션 효과성을 극대화 하기위하여 Fedex FedEx Express 로 다운사이징한 새로운 CI를 도입하여 브랜드의 글로벌성과 신뢰성을 획기적으로 높이는데 성공했다.

최근에는 고가 수입 프리미엄 브랜드들 사이에서 로고를 작게 쓰거나 눈에 잘 띄지 않는 단순한 스타일로 브랜드를 리뉴얼 하는 것이 유행처럼 번지고 있다. 상품 겉면에서 가장 브랜드명을 찾기 어려운 브랜드가 프랑스 '에르메스 HERMÈS PARIS' 다. 이 브랜드의 대표적 제품인 '켈리 백' 은 백의 앞뒤 어디에도 '에르메스' 라는 브랜드명이 쓰여 있지 않다. '프라다 **PRADA**' 의 로고 리뉴얼도 유명하다. 프라다는 전통적인 역삼각형의 엠블로이드 보다는 단순하게 'PRADA' 라고 쓰여진 사각형 검은색 라벨을 제품에 더 자주 활용하고 있으며 최근에는 유행에 맞추어 오버 사이즈로 로고를 리뉴얼 하였다. 이처럼 프리미엄 브랜드들이 로고 리뉴얼을 단행하는 이유는 그동안 정체되어 있던 이미지를 새롭게 업그레이드 하려는 시도 때문이다. 기존의 로고나 심벌은 오랜 세월동안 쌓여진 브랜드이미지와 기업 명성을 의미하기도 하지만 반대로 구태의연한 인상을 심어줄 수도 있기 때문이다.

Case 32

힐스테이트
Hill State

HILLSTATE

래미안, 푸르지오, 롯데캐슬, 자이 등 2000년대에 들어서 국내 대형 건설사들은 유명 모델을 앞세워 각 회사의 아파트를 브랜드화하기 시작했다. 현대건설은 1999년 말에 삼성물산의 '래미안', 롯데건설의 '캐슬', 대우건설의 '푸르지오', GS건설의 '자이' 등과 함께 '현대 홈타운'이라는 브랜드를 선보인바 있다. 그러나 공격적인 경쟁구도를 펼치는 다른 건설사와는 달리 브랜드 론칭 한 달 반 만에 회사의 자금난과 외환위기 등으로 워크아웃에 들어가자 더 이상의 '홈타운' 브랜드의 활성화는 불가능했다. 이렇게 홈타운 브랜드에서 실질적으로 손을 뗌에 따라 현대건설은 시장성 높은 브랜드 아파트 시장에서 뒤쳐지게 되었다. 이후 현대건설은 브랜드 아파트 시장이 성숙기에 이르는 시점인 2006년, 6년 만에 '힐 스테이트'라는 새로운 아파트 브랜드를 론칭하면서 60년 건설 명가로서의 명예회복에 나서게 되었다. 우선 포화시장을 감안하여 현대건설은 이 브랜드를 계획, 개발하는 데에 2년이라는 시간을 투자했다. 견고함과 고객들의 높은 프리미엄을 가지고 있는 기존의 현대아파트의 브랜드를 다시 사용하자는 내부 의견들을 뒤엎을 만한 새로운 브랜드를 개발하기란 만만한 일이 아니었던 것이다. 여러 시행착오 끝에 현대건설은 새로운 아파트 브랜드로서 역사, 신뢰를 대표하는 현대건설의 이미지와 최고의 브랜드였던 현대아파트의 이미지를 통합하는 브랜드명 '힐스테이트' 를 선보이게 된다. 힐 스테이트 기존의 다른 아파트 브랜드들과는 달리 History, Honor, High Society, Human, Hotness(열정)으로 대표되는 알파벳 H를 전면에 내세우는 알파벳 마케팅을 성공적으로 전개하여 프리미엄 아파트 브랜드 시장에 재 진입할 수 있었다. 실제 힐스테이트는 브랜드 이름만을 리뉴얼한 것은 아니다. 고품격 아파트의 이미지를 위해 여러 가지 기능적인 업그레이드를 하였다. 세계일류 디자이너기업과의 공동 작업을 통해 큰 돛 모양과 유럽풍의 외관 디자인을 개발함과 동시에 프랑스 색채 디자이너인 장 필립 랑클로 교수와 아파트 내 외관을 일관시킬 수 있는 통일된 색채를 개발하였다. 또한 주부들과 남성들 등 아파트 입주자 개개인의 생활공간을 고려한 설계방식과 1000M 높이의 초고층 빌딩의 건축이 가능한 초고강도 콘크리트의 개발 등 건설사 내부적으로 그 기술에 있어서도 내실을 기하였다. 이와 더불어 집 열쇠에 교통카드 등을 접목시킨 '원패스 골드키' 와 같은 고급 기술의 개발을 통해 아파트의 고급화에 크게 기여하였다.

이 같은 철저한 브랜드 리뉴얼 전략으로 탄생한 힐스테이트는 2006년 후반 이미 포화된 브랜드 아파트 시장에서 첫 청약경쟁률 75대 1이라는 놀라운 기록을 세우면서 브랜드 아파트 시장의 파워 브랜드로서 떠올랐다. 기존 현대 건설이 가지고 있던 견고한 이미지와 힐스테이트 브랜드만이 가지는 차별성과 고급스러움은 6년이나 뒤쳐진 후발주자였던 현대건설을 단숨에 브랜드 아파트 시장의 주력 선수 자리에 올려놓을 수 있었던 것이다.

Case 33

참이슬

대한민국 서민의 '술' 하면 떠오르는 브랜드가 바로 두꺼비로 대표되는 진로이다. 총 10개의 지방소주 업체들과 두산과 같은 막강한 경쟁자가 있는 소주시장에서도 현재까지 전체 소주시장의 50%에 가까운 점유율을 유지하고 있는 대한민국 대표 브랜드이기도 하다.

1996년, 1973년 이래 소주 시장의 과대 경쟁을 잠재우기 위해 한 도에 하나의 소주 업체만을 허용했던 정부의 정책이 위헌이라는 판정을 받게 되었다. 이로 인해 전국 소주시장의 경쟁은 놀라울 정도로 심화되었다. 진로의 경우에도 아무리 시장의 50%이상을 지키고 있었지만 경쟁자가 한정되었던 과거와는 상황이 달라졌기 때문에 이 상황을 타개할 새로운 방안이 필요했다. 그것이 바로 '참이슬' 이라고 하는 브랜드로의 리뉴얼이었다. 1998년 '참이슬' 로의 브랜드 리뉴얼과 동시에 알코올 도수를 25도에서 23도로 낮추면서 순한 소주의 원조로 자리 잡기도 하였다.

진로소주는 1998년 회사명과 동일했던 브랜드명인 '진로' 를 '참이슬' 로 바꾼 이래, 지속적으로 상표, 맛, 질감 등을 꾸준히 개선해오고 있다. 그 결과, 98년 브랜드 리뉴얼 이후 출시된 지 6개월 만에 1억병을 돌파, 3년11 개월 만에 40억병, 2003년 60억 판매에 이어, 2006년 말 누적 판매량 93억9000만병이 팔리는 기적 같은 기록을 세웠다. 또한 2007년에 드디어 누적 판매량 100억병을 돌파하는 큰 기록을 세우기도 했다. 이는 '참진 이슬로' 라는 브랜드 리뉴얼의 성공을 보여주는 단적인 결과라고 할 수 있다. 그러나 이러한 진로 소주의 지속적인 리뉴얼에는 치열한 소주시장의 상황과 그 경쟁자인 두산의 맹공격이 한 몫을 하고 있다.

2000년대에 들어서면서 진로의 지속적인 리뉴얼의 중심인 두산이 등장하면서 참이슬의 리뉴얼에 가속도를 붙이게 된다. 두산은 2001년 '산' 이라는 브랜드 명의 녹차소주를 시장에 내놓으면서 기존의 소주시장에 웰빙 바람을 몰고 왔다. 맥주시장에서 단연 유리한 위치를 점하고 있던 두산은 '산' 으로 인해 성공적으로 소주시장에 진입할 수 있었고, 이를 바탕으로 2006년 2월 알코올 도수 20도의 순한 소주인 '처음처럼' 을 선보이면서 진로에게 더욱 위협적으로 다가왔다. 이에 참이슬은 23도였던 알코올 도수를 20.1도까지 낮추는 3차 리뉴얼을 감행해야 했다. 2000년대에 들어서면서 몸을 우선으로 생각하는 '웰빙' 이라는 트렌드와 함께 알코올 도수가 낮은 소주는 소주 소비층을 여성과 젊은 층으로 넓힐 수 있는 가장 효과적인 방법이었다. 결국 2006년 8월 진로는 한 발 더 나아가 알코올 도수가 19.8인 '참 이슬 fresh' 까지 내 놓으면서 경쟁에 박차를 가하였다. 이러한 지속적인 리뉴얼로 진로는 아침, 저녁으로 차고 깨끗한 이슬을 받아먹기 위해 부지런히 움직이는 장생의 동물인 진로의 상징 두꺼비와 같은 참이슬의 브랜드 정신을 지속적으로 살려 내고 있다.

Case 34

브리티쉬 항공
British Airways

BRITISH AIRWAYS

British Airways(이하 BA)는 1974년에 설립된 영국 런던중심의 국제여객항공사이다. BA는 전 세계 87개 국가, 165개 도시에 취항하고 있는 대형 국제여객항공사로 이지만 영국을 대표하는 항공사이기에 BA를 대표하는 심볼과 BI의 색 그리고 그 이름마저도 영국적인 색깔이 묻어난다. 그렇기에 색색의 아름다운 다양한 국적의 항공기들이 가득한 공항 어디에서나 BA의 항공기는 한눈에 어느 나라의 항공사인지 쉽게 알아볼 수 있기도 하다. 그러나 이렇게 항공사의 성격이 명확히 드러난 성공적인 BI는 총 2번의 리뉴얼의 결과물이다.

BA의 전신인 British Overseas Airways Corporation(BOAC)는 Concord, Air Russia, World Traveller, BEA, Brymon 등 내부 브랜드들이 각기 연관성이 전혀 없는 다른 브랜드명을 사용하고 있었다. 그러나 내부 브랜드들의 수가 점점 늘어나면서 회사의 정체성과 통일성이 없는 각 브랜드 명은 제 기능을 하지 못했다. 결국 1984년 BOAC의 모든 브랜드들은 British Airways라는 이름 아래 통일된 BI 리뉴얼 작업을 하게 되었다. BA의 BI 리뉴얼 작업은 총 두 가지 방식으로 이루어졌다.

첫 번째 방식은 British Airways라는 브랜드 이름에 영국 국기의 주요색인 빨간색과 파란색을 바탕으로 한 리본모양의 'speedwing' 이라는 로고를 조합하는 것이다. 세리프 체의 British Airways라는 남색의 브랜드명과 신속성과 안전을 상징하는 BOAC의 'speedbird' 라는 날아가는 새 모양의 로고에서 진화된 'speedwing' 은 항공서비스를 중심으로 하는 BA의 성격을 잘 나타내 주고 있다.

두 번째 방식은 내부 브랜드 중 Concord와 같이 고유 브랜드 성격이 확실한 브랜드는 BA로 대체하지 않고 고유의 브랜드 네임을 살리되 브랜드명에 BA를 상징하는 로고인 'speedwing' 을 조합하는 방식이다. 이렇게 2가지의 방법으로 이루어진 1차 리뉴얼을 통해 BA는 약 50여개 이상의 내부 브랜드들을 BA라는 브랜드명으로 또는 각 브랜드 명과 BA의 상징인 'speedwing' 을 조합하는 방식의 리뉴얼을 감행함으로써 통일되지 않고 산만했던 브랜드 구조를 일목요연하게 정리할 수 있었다.

그리고 12년이 지난 1996년 BA는 글로벌 항공사로의 도약을 위해 2번째 리뉴얼을 시도했다. 2차 리뉴얼은 Tail-fin이라고 하는 비행기 꼬리 부분에 출항하는 각 나라를 상징하는 문양을 넣는 방식이었다. 보다 독창적이고 사실적인 이미지를 만들기 위해 각 나라의 디자이너, 화가, 조각가, 공예가 등의 전문가들과 작업을 하는 대규모의 프로젝트를 진행하였다. 예를 들어 스코틀랜드와 영국, 아일랜드 등의 나라로 향하는 비행기의 꼬리 부분에는 스코틀랜드의 수직공자이자 디자이너인 피터 맥도날드(Peter McDonald)에 의해 만들어진 '타탄' 이라고 하는 스코틀랜드 전통체크 문양이 들어가는 것이다. 중화권의 항공기에는 한자문양이, 일본행 항공기에는 일본 '니혼자' 예술에 의한 문양, 폴란드행 항공기에는 폴란드 고유의 종이 자르기 공예로 만들어진 문양이 들어갔다. 언제 어디에서나 이 비행기가 어디로 향하고 있는지 한눈에 알 수 있다는 점에서 BA가 어디로 출항하는가에 대한 홍보가 가능했다. 그러나 이 리뉴얼의 결과는 실패적이었다. '브랜드 괴담' 이라는 책에 따르면 이 방식은 영국적인 항공사인 BA의 성격을 약화시킨 리뉴얼로써 실패사례로 소개되고 있다. 왜냐하면 BA의 주요 고객이었던 영국 고객들이 영국적인 성격을 약화시킨 항공사의 방식에 불만을 드러냈던 것이다. 영국 전 총리였던 마가렛 대처(Margaret Thatcher)는 "우리는 영국 국기를 단 비행기로 비행을 하자는 것이지 이런 흉물을 단 항공기로 비행하자는 것이 아니다." 라면서 새로운 디자인의 꼬리의 BA 747모델 항공기 리뉴얼에 반감을 표시한 바도 있다. 외국인 여행객들은 새로운 리뉴얼에 긍정적인 반응을 보였지만 BA의 가장 중요한 고객인 영국고객들이 등을 돌리는 상황에 직면하게 된 것이다. 이러한 상황에 설상가상으로 경쟁사였던 Virgin Atlantic이 BA가 포기한 영국 국기를 모티브로 한 항공기를 내 놓으면서 BA의 리뉴얼에 반대하던 고객들을 흡수해 가기 시작했기에 문제는 더욱 악화되었다. 이에 결국 2년 후인 1999년 대부분의 BA 소속 항공기는 다시 이전의 형태로 복귀되거나 꼬리 부분이 수정되었다. 성공적인 1차 리뉴얼과는 달리 경쟁사에게 기회를 마련하게 해준 치명적인 2차 리뉴얼, 이 두 번의 리뉴얼을 통해 BA는 많은 교훈을 얻을 수 있었고 회사 BI의 리뉴얼이 자칫 경쟁사에게는 기회를, 자사에는 충성 고객들을 잃어버리는 위기를 만들 수도 있음을 보여주었던 사례이다.

Case 35

IBM

IBM(International Business Machines)은 미국의 컴퓨터, 정보기기 컨설팅업체로 세계 IT 시장을 지배하고 있는 세계 최대 규모의 e-비즈니스 서비스 기업이다. 1911년 뉴욕주 아먼크에 설립된 IBM은 1980년대 초반 4년 연속으로 '포춘' 지 선정 초우량 기업 1위에 오르기도 하였으나 다운사이징 추세와 그에 따른 고객의 변화된 기대에 제대로 부응하지 못한 끝에 1990년대 초반에는 수십억 달러적자를 내는 위기에 처하기도 하였다. 그러나 IBM은 총수입의 10% 이상을 연구개발비로 사용하는 등 과감한 투자와 탁월한 영업정책을 통해 위기를 극복하여 현재는 총자산 900억 달러에 달하는 세계적인 기업으로 다시 자리잡았다.

기업이미지의 통일화를 시각적으로 나타내는 CI를 1950년대에 미국에서 처음 본격적으로 시작한 IBM은 회사의 마크나 쇼룸의 실내장식에서 봉투, 편지지에 이르기까지 모든 아이템들을 통일적인 이미지로 디자인 하였다. 회사의 문자를 디자인한 로고타입의 CI는 100여년에 걸쳐 문구류, 자동차, 제품 등에 사용되어 전 세계 사람들에게 IBM을 알려왔다. 현재 IBM은 오랜 역사 동안 로고의 역사를 끊임없이 변화시키며 그 위상을 지켜나가고 있다. 1924년, 이들은 기존에 사용하였던 CTR(The Computing-Tabulating-Recording)이라는 이름 대신에 현재 사용하고 있는 IBM 즉, "International Business Machines Corporation" 이라는 새로운 이름을 채택하였다. 이 시기에 만들어진 로고는 'International' 이라는 단어가 띠 모양으로 둘려진 지구 모양을 형상화한 것이었다. 이후 IBM은 천공카드작성기 제조사에서 컴퓨터 회사로의 쉽지 않은 전환을 위해 22년 만에 처음으로 새로운 로고로 변화를 시도하였는데, 자사의 브랜드 이미지와 명성을 이용해 만들어진 이 로고는 Beaton Bold체의 'IBM' 이라는 글자로 간결하게 디자인되었다. IBM은 1956년부터 컴퓨터를 주력사업으로 정하고 전사적인 혁신에 착수하면서부터 기존의 Beaton Bold체의 로고를 City Medium체로 변형함으로써 IBM문자가 더욱 견고하면서도 정제되고, 균형잡힌 모습으로 보이도록 변화시켰다. 이후 1972년 새롭게 변형된 로고는 현재까지 사용되고 있는데 기존의 단면 대신 들어간 가로 줄무늬는 '속도와 활력' 의 이미지를 상징한 것이다. 현재 IBM의 로고는 세계에서 가장 유명한 기업 로고중 하나로, 수많은 회사들이 IBM의 디자인 철학을 벤치마킹 하고 있다. 이처럼 IBM은 시대와 패러다임 변화에 따라 계속적으로 기업 정체성과 로고를 리뉴얼함으로써 한 세기이상 사랑받는 장수 브랜드가 될 수 있었다.

5.3 >> 브랜드 리포지셔닝

1) 브랜드 리포지셔닝의 개념

브랜드 리포지셔닝은 경쟁 브랜드의 포지셔닝이나 트렌드 변화에 따라 우리 브랜드가 경쟁력을 상실했거나 해당 세분시장의 크기나 수익성이 낮아 새로운 시장으로 이동해야 할 때 혹은 브랜드 포트폴리오에 있어 내부의 다른 브랜드와 자기잠식이 발생할 우려가 있을 때 검토될 수 있다.

요즘처럼 제품의 품질이 상향 평준화되고 차별화가 어려운 시장 상황에서 새로운 포지셔닝은 브랜드 아이덴티티를 변화시켜야 가능하다고 본다. 기존의 브랜드 컨셉과 차별화 우위에 있는 무엇인가가 있어야 하며 이것이 호소력 있는 방법으로 재조정된 시장에 전달되어야 한다.

존슨 앤 존슨 Johnson & Johnson 의 베이비로션은 처음에 유아 층을 타깃으로 포지셔닝했던 제품이었으나 후에 청소년층과 연약한 피부를 가진 성인 여성 고객을 목표 고객으로 재설정하고 순한 화장품 브랜드로 리포지셔닝하여 성공을 거두었다. 리포지셔닝은 소비자들이 가지고 있는 기존 브랜드에 대한 강한 이미지 때문에 다소 어려운 점이 있을 수 있지만 기존의 제품으로 시장 방향만을 재조정하여 시장을 확대할 수 있다는 장점이 있다.

박카스 **박카스** 는 국내 대표 장수 브랜드이다. 그러나 지난 40여년 주 고객층이 브랜드의 역사와 함께 고령화 되었다. 자연히 시장에서 박카스는 50대 이상 중년층 또는 노인들이 즐겨마시는 드링크로 인식되게 되었다. 이에 위기를 느낀 경영층은 과감한 브랜드 리포지셔닝 전략을 실행하게 된다. 제품력 개선은 기본으로 하고 특히 '신한국인 캠페인' 을 통해 브랜드 이미지를 21세기 강력한 소비층으로 떠오르고 있는 10~20대 고객을 타깃으로 리포지셔닝하였다. 그 결과 '박카스 국토 대장정' 과 '젊음, 지킬 것은 지킨다' 는 히트 슬로건등 성공적 광고 및 프로모션을 통하여 소비층을 크게 확대 시킬 수 있었다.

일반적으로 브랜드 리포지셔닝은 마케팅 비용이 많이 들고 성공확률도 높은 편이 아니다. 미국 GM의 올즈모빌(Oldsmobile)의 경우 '아버지 세대의 올드 카가 아니다' 라고 소비자에게 소구했지만 영 소비자의 반응을 이끌지 못하고 2001년 시장에서 철수를 발표한다. 브랜드 네임의 'Old' 에서 연상되는 보수적 이미지 때문에 젊은 소비자들의 인식을 바꾸기에는 역부족이었기 때문이다. 결국 차별화된 제품력없이 광고와 프로모션에 의한 리포지셔닝 전략은 설득력이 약하여 허황된 것으로 소비자에게 인식되어 실패할 가능성이 크다.

2) 브랜드 리포지셔닝 방법

브랜드 리포지셔닝 방법은 다음과 같은 세 가지 형태로 나누어 볼 수 있다.

첫째, 매출이나 시장축소 등과 같은 이유로 새로운 목표시장으로의 전환이 불가피하다면 직접적인 리포지셔닝보다는 서브 브랜드 sub brand 전략을 통한 시장진출을 고려해 볼 필요가 있다. 서브 브랜드를 활용하면 기존 브랜드 이미지의 전면적인 수정 없이 새로운 시장에 포지셔닝할 수 있다.

둘째, 브랜드가 가지고 있는 의미를 진화, 발전시킴으로써 리포지셔닝을 할 수 있다. 예를 들어 스타벅스도 초창기에는 다른 커피들처럼 또 하나의 유럽풍 커피 브랜드였다. 그러나 스타벅스는 커피가 아니라 라이프스타일과 커피 경험을 강조함으로써 스타벅스 브랜드를 새로운 라이프 스타일을 제안하는 체험 브랜드로서 리포지셔닝시킬 수 있었다. 세계 최고의 매니아 브랜드 할리데이비슨은 80년대 초부터 경제적으로 풍요로운 미국의 베이비붐 시대 전문직을 대상으로 라이딩 체험을 제안하여 오토바이 생산, 판매업체가 아닌 '자유' 와 '모험정신' 을 판매하는 라이프스타일 브랜드로 리 포지셔닝 할 수 있었다.

셋째, 완전히 새로운 목표 시장을 타깃으로 겨냥한 리

포지셔닝 전략을 수행하기도 한다. 애니콜 Anycall은 젊은 이미지 보강을 위해 '디지털 익사이팅' 이라는 컨셉을 활용하면서 애니콜의 재활성화를 추진하여 리포지셔닝에 성공하였다고 평가 할 수 있다.

결론적으로 특정 브랜드에 관하여 소비자들은 이미 특정한 지각으로 마음속에 깊이 각인하고 있기 때문에 브랜드에 대한 기존 이미지를 변화시키기 위한 리포지셔닝 노력은 결코 쉬운 작업이 아니다. 또한 브랜드를 확장하거나 기존의 브랜드를 리포지셔닝 할 경우, 소비자 인식을 새롭게 변화시키기 위해서 대대적인 광고 캠페인이 필요하므로 막대한 마케팅 비용이 들어간다. 그럼에도 불구하고 브랜드 리포지셔닝 전략은 브랜드 마케팅 전쟁이 더 심화되는 현실에서 더욱 많은 기업과 도시 행정가들에 의해 추진될 것이 확실해 보인다.

영국의 도시 글래스고Glasgow는 공업도시의 이미지를 글로벌 관광도시 브랜드로 바꾸는 리포지셔닝 전략을 2004년부터 체계적으로 추진하고 있다. 우선 글래스고 마케팅부서(Glasgow City Marketing Bureau: GCMB)를 설립하고 목표를 유럽의 코스모폴리탄으로 정하여 세계적 건축가 매킨토시를 비롯하여 건축, 디자인, 패션, 음악 예술분야에서 성공한 글래스고 출신의 유명인 마케팅을 통하여 글래스고 스타일을 홍보한 결과 최근 도시 브랜드 인지도와 관광객 선호도에서 베스트 시티로 선정되는 등 리포지셔닝에 성공적인 결과를 보여주고 있다.

Case 36

푸마
Puma

푸마(Puma)는 1924년에 설립된 국제적 종합 스포츠웨어 기업이다. 1948년 아디다스의 설립자의 동생인 루돌프 다슬러(Rudolf Dassler)에 의해 현재의 브랜드명으로 불리게 되었다. 기존에 푸마는 메인 모델이 마라도나나 아우재비어같은 전설적인 축구스타들 이었다. 그 만큼 푸마는 축구 용품 전문회사로서의 이미지가 강했다. 그러나 1985년 이후로 나이키(Nike), 아디다스(Adidas)등과 같은 경쟁업체들이 종합 스포츠 용품회사로써 많은 비용을 축구 등 주요 스포츠 분야의 제품 디자인에 투자하면서 기존에 푸마가 가지고 있던 전문 스포츠 브랜드로의 이미지가 희석화 되기 시작했다. 이것은 얼마가지 않아 매출 저하로 연결되었고 결국 푸마는 나이키, 아디다스 뿐 아니라 한국 푸마의 경우에는 아식스와 같은 국내 브랜드에도 밀리게 되었다. 결국 푸마는 기존의 운동화와 축구 용품 브랜드에서 시장 타깃을 재조정하여 여성적인 패션 중심의 브랜드로 리포지셔닝을 시도하게 된다. 이를 위해 푸마는 기존의 브랜드 정체성 또한 변화시켜야 했다. 기존의 남성적인 강한 역동성에서 패셔너블한 디자인으로 이미지를 변화시킴은 물론 자신들의 주 타깃 고객층도 20

대 남성에서 10-20대 후반의 여성으로 변화시키게 된다. 결국 푸마는 기존에 가지고 있던 모든 것들을 제로베이스로 돌리는 제로베이스 마케팅을 통해 앞에 언급한 고객층, 이미지는 물론 매장, 메인 칼라 등을 완전히 새롭게 만들었다. 푸마는 제품에도 많은 변화를 주었다. 1998년에서 2000년까지 스포츠 브랜드로는 최초로 디자이너 질 샌더(Jil Sander)와 함께 디자이너 운동화 컬렉션을 출시하면서 기존의 제품과는 전혀 다른 개념의 크로스 오버(Cross Over)제품을 선보이기 시작했다. 지금은 아디다스 + 스텔라 메카트니 등 많은 브랜드들이 디자이너와의 합작을 하고 있지만 그 시작은 푸마의 최초의 디자이너 운동화 브랜드인 '아반티(Avanti)' 라고 할 수 있다. 당시로는 고가인 10만원대 가격이었지만 목표치였던 3,000켤레에 3배인 9,000켤레를 판매할 정도로 많은 관심을 받았다. 이를 기점으로 푸마는 영국의 닐 배럿이 디자인한 이탈리아 축구팀 유니폼에서 영감을 받은 '이탈리안' 라인, 요가와 명상운동 전문 라인인 '마하누알라' 라인 등을 출시하면서 소비자들에게 패션 브랜드로서의 이미지를 강화시켰다. 스포츠와 일상생활을 접목시킨 SLS 개념은 현재의 패션 경향에 딱 들어 맞아서 SLS 풋웨어의 경우 2001년에는 7만8천 켤레(약 72억원)에서 올해는 2007년 28만 켤레(2백80억원)으로 약 4배가 증가했다. 푸마는 스포츠 브랜드 브랜드 정체성은 지키되 여성 소비자와 패션성을 가미한 새로운 정체성을 개발하는 적절한 리포지셔닝을 통해 제2의 도약을 이룰 수 있었다.

Case 37

마돈나
Madonna

마돈나가 "Like a Virgin" 으로 경이로운 인기를 누렸을 때 대부분의 사람들은 마릴린 먼로의 섹스어필을 모방한 반짝 가수일거라 생각했다. 그러나 그녀는 현재 역대 여성 가수 중에 가장 많은 앨범과 싱글의 세일즈를 보유하고 있고 기네스북에 빌보드 싱글차트 히트곡이 가장 많은 가수로도 올라있다. 그리고 50이 넘은 지금 그녀는 아직도 앨범을 내고 콘서트에서 노래를 부른다. 그녀의 성공 비결은 엔터테인먼트 분야에서 자신의 장점을 최대한으로 활용할 줄 알고, 시대의 변화를 정확히 짚어내어 끊임없이 변신했던 점에 있다는 사실에 대해서는 이의가 없다. 80년대 초에는 MTV의 개국과 함께 비주얼이 강조되기 시작했는데 마돈나는 마이클 잭슨과 함께 화려한 춤과 패션, 도발적인 섹스어필로 대중에게 각인을 시켰다. 이후로도 끊임없는 선정성 논란과 스캔들을 몰고 다니며 대중의 관심을 주목 시켰다. 하지만 이런 섹스어필의 이미지만 일관되게 고수하지 않고 90년대에 들어오면서 R&B같은 흑인음악을 시도하는 등 음악적으로 성숙한 모습을 보여 변화의 90년대 힙합이 주를 이루는 분위기 속에서도 살아남을 수 있었다. 유럽에서는 마돈나 學madonna study이라는 학문을 만들어 그녀를 연구하려는 움직임까지 있다. 이는 단순히 마돈나가 그녀의 비주얼적인 모습을 사회흐름에 맞게 끊임없이 변화한 것처럼 음악을 통해 사회문제나 소수계층을 대변하려는 역할도 하였기 때문이다. 여자에게만 강요하는 혼전순결의 부당함을 말하면서 마음만 처녀면 된다고 외치는 like a virgin, 낙태반대를 외치는 papa don' t preach 등 그녀의 앨범만 들어도 그 당시 어떤 사회 이슈가 대두되었는지 알 수 있을 정도이다. 1991년 뉴스위크지 선정 문화 엘리트 100인에 여성 연예인으로서는 유일하게 선정될 정도로 마돈나는 자신이 하고 있는 음악에 사회적인 문제를 믹스하여 자신의 음악적 가치를 높이고, 변화하는 트렌드에 잘 맞추어 비주얼 적으로도 대중들의 관심을 끊임없이 끌어서 최고의 팝스타 '마돈나' 라는 브랜드를 한세대(30년) 동안 유지하고 있다. 엔터테인먼트 산업에서 리뉴얼의 최고 고수라고 할 수 있겠다.

Chapter Summary 5장 요약

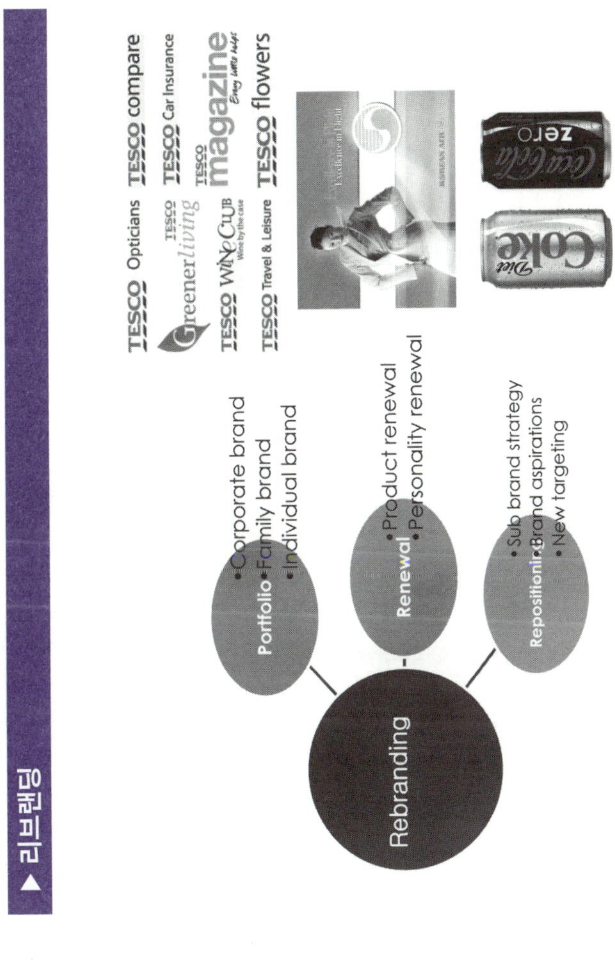

Appendix
브랜드 리뉴얼 프로세스

Brand Renewal Process

1. 진행절차
2. 대표사례

* 브랜드 리뉴얼 프로젝트는 이모션 브랜드의 차재헌 대표와 함께 합니다.

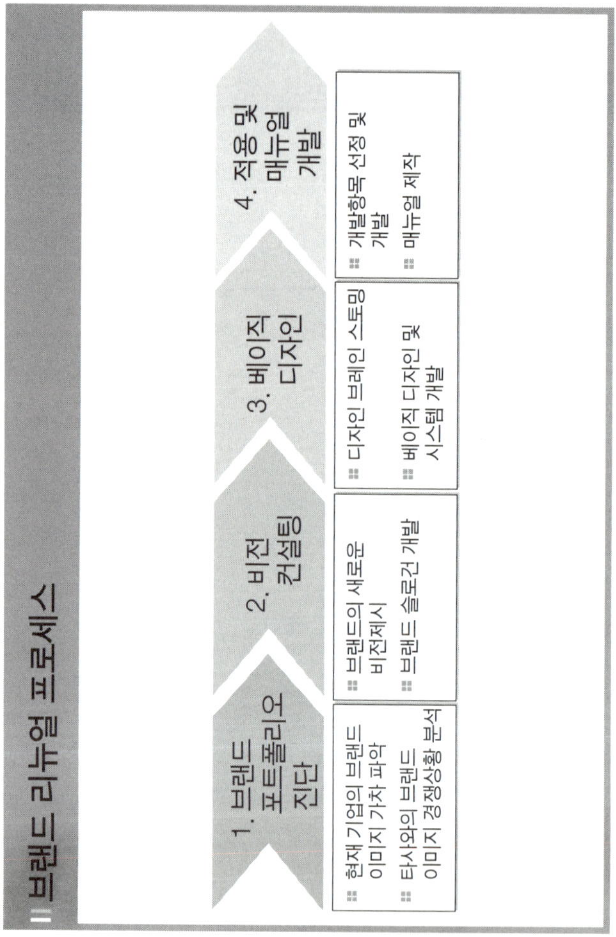
브랜드 리뉴얼 프로세스
1. 브랜드 포트폴리오 진단
2. 비전 컨설팅
3. 베이직 디자인
4. 적용 및 매뉴얼 개발
현재 기업의 브랜드 이미지 가치 파악
타사와의 브랜드 이미지 경쟁상황 분석
브랜드의 새로운 비전제시
브랜드 슬로건 개발
디자인 브레인 스토밍
베이직 디자인 및 시스템 개발
개발항목 선정 및 개발
매뉴얼 제작

브랜드 리뉴얼
1 진부화 이미지 쇄신 사례-bp
BP
before
bp
after

브랜드 리뉴얼
1 진부화 이미지 쇄신 사례-The Body Shop
THE BODY SHOP
before
THE BODY SHOP
after

브랜드 리뉴얼
2 브랜드 이미지 업그레이드 사례-Nike
NIKE
before
after

브랜드 리뉴얼

2 브랜드 이미지 업그레이드 사례-FedEx

before

after

참고문헌

〈국외문헌〉

Aaker, David A.(1996), 『*Building Strong Brands*』, Simon & Schuster

Aaker, David A. and Kevin Lane Keller(1990), 『Consumer Response to Brand Extension』, *Journal of Marketing*, Vol. 54, pp. 27-41.

Al-Sulaiti, Khalid I. and Baker Michael J.(1998), 『Country of origin effects: a literature review』, *Marketing Intelligence & Planning*, Vol. 16(3); pp.150-199.

Anholt, Simon(2007), *Competitive Identity: The New Brand Management for Nations, Cities and Regions*, Palgrave Macmillan.

Barone, Michael J., Paul W. Miniard, and Jean B. Romeo(2000), "The Influence of Positive Mood on Brand Extension Evaluations," *Journal of Consumer Research*, Vol. 26(4), pp.386-400.

Chase, Richard B. and Sriram Dasu(2001), "Want to Perfect Your Company' s Service? Use Behavioral Science," *Harvard Business Review*, Vol. 79(6), pp. 78-84.

Gibson, Richard(1990), "The End of the Line? Overkill on Extensions," Wall Street Journal, June 18

Gobe, Marc(2001), *Emotional Branding: The New Paradigm for Connecting Brands to People*, Allworth Press.

Kahle, Lynn R. and Pamela M. Homer(1985), "Physical Attractiveness of the Celebrity Endorser: A Social Adaptation Perspective,"

Journal of Consumer Research, Vol. 11(4), pp. 954-961.

Keller, Kevin Lane(2003), *Strategic Brand Management: Building, Measuring, and Managing Brand Equity*, Prentice-Hall.

Kotler, Phillip(2008), *Marketing Management*, 13rd ed., Prentice Hall.

Lantz, Garold and Sandra Loeb(1996), "Country of Origin and Ethnocentrism: An Analysis of Canadian and American Preferences Using Social Identity Theory," *Advances in Consumer Research*, Vol. 23(1), pp. 374-378.

Martin, Ingrid M. and Sevgin Eroglu(1993), "Measuring a Multi-Dimensional Construct: Country Image," *Journal of Business Research*, Vol. 28(3), pp. 191-210.

Martineau, Pierre(1958), "The Personality of Retail Store," *Harvard Business Review*, Vol. 36(1), pp.47-55.

Nagashima, Akira(1970), "A Comparison of Japanese and U.S. Attitudes Toward Foreign Products," *Journal of Marketing*, Vol. 34(1), pp. 68-74.

McCracken, Grant(1989), "Who Is the Celebrity Endorser? Cultural Foundations of the Endorsement Process," *Journal of Consumer Research*, Vol. 16(3), pp.310-321.

Neslin, Scott A., Dhruv Grewal, Robert Leghorn, and Venkatesh Shankar(2006), " Challenges and Opportunities in Multichannel Customer Management," *Journal of Service Research*, Vol. 9(2), pp. 95-112.

Misra, Shekhar and Sharon E. Beatty(1990), "Celebrity Spokesperson and Brand Congruence: An Assessment of Recall and Affect," *Journal of Business Research*, Vol. 21(2), pp. 159-171.

Phau, Ian and Gerard Prendergast(2000), "Conceptualizing the country of origin of brand," *Journal of Marketing Communications*, Vol. 6(3), pp.159-170.

Pine, Joseph B. and James H. Gilmore(1998), "Welcome to the Experience Economy," *Harvard Business Review*, Vol. 76(4), pp. 97-105.

Romeo, Jean B.(1991), "The Effect of Negative Information on the Evaluations of Brand Extensions and the Family Brand," *Advances in Consumer Research*, Vol. 18, pp.399-406.

Rossiter, John R. and Larry Percy(1997), *Advertising Communications & Promotion Management*, 2nd ed, McGraw-Hill.

Stern, Hawkins(1962), "The Significance of Impulse Buying Today," Journal of Marketing, Vol. 26(2), pp.59-62

Sternberg. Robert .J and Grajek, S(1984), "The nature of love," *Journal of Personality and Social Psychology*.

Sternberg, Robert J.(1986), "A Triangular Theory of Love," *Psychological Review*, Vol. 93(2), p. 119-135.

Tauber, Edward M(1998), "Brand Leverage: Strategy for Growth in a Cost-control World," *Journal of Advertising Research*, Vol. 28(4), pp.26-3.

Vigneron, Franck and Lester W. Johnson(1999), "A Review and a Conceptual Framework of Prestige-Seeking Consumer Behavior," *Academy of Marketing Science Review*, Vol. 1999, p. 1.

Atkin, Douglas(2005), 왜 그들은 할리와 애플에 열광하는가?, *세종서적*

야마다 도요코(2007), Made in 브랜드, *도서출판 디플*

Kevin Keller(2007), 브랜드 매니지먼트, *비즈니스 북스*

짐콜린스 저, 이무열 역(2002), *좋은기업을 넘어 위대한 기업으로*, 김영사.

케빈 로버츠저, 이상민 · 최윤희 역(2007), *러브마크 이펙트: 소비자의 꿈을 실현하다*, 서돌.

로버츠, 케빈(2005), *브랜드의 미래 Lovemark*, 도서출판 서돌

롤프 옌센 저, 서정환 역(2005), *드림소사이어티*, 리드리드출판.

〈국내문헌〉

권경은(2003), 여대생의 프리미엄 브랜드 구매에 관한 연구, *숙명여자대학교 석사학위논문*

김경식 · 이석규 · 이용기(2006), 스폰서십에 의한 브랜드-이벤트 이미지 전이에 관한 연구: 브랜드와 이벤트 속성의 유사성을 중심으로, *광고학연구*, 제17권 5호, pp. 143-153.

김병재 · 강명수 · 신종칠(2005), 소비자-브랜드 관계형성에의 영향요인과 관계성과에 관한 연구, *The Korean Journal of Advertising*, Vol. 16(3), pp. 55-81.

김재문(2002), 명품의 조건, *LG주간경제*, 677호, pp. 34-38.

남민경(2002), 외국 브랜드 선호도에 관한 연구–자신감과 충동구매 유형을 중심으로, *숙명여자대학교 석사논문*

박은아 · 김태형 · 성영신 · 강정석(2004), 소비자-브랜드 관계가 확장된 브랜드 평가에 미치는 영향, *소비자학연구*, 제15권 제4호, pp.37-58.

서용구(2006), *보이지 않는 기업 성장 엔진*, 삼성경제연구소.

서용구 · 이은경(2008), "An Exploratory Study on Channel Equity of Electronic Goods," *Journal of Academy of Marketing Science*,

신병철(2004), *쉽고 강한 브랜드 전략*, 살림.

신현암(2000), *브랜드가 모든 것을 결정한다*, 삼성경제연구소.

안광호 · 한상만 · 전성률 (2008), *전략적 브랜드 관리*, 학현사

여미현(2007), 브랜드 아이덴티티 강화를 위한 리인벤팅 전략에 관한 연구, *홍익대학교 석사논문*

이경모(2000), 이벤트학의 개념에 관한 연구, *관광경영학연구*, 제10권, pp.133-156

이동진 · 김민성 · 유병희 · 김아리(2008), 브랜드-자아 일치성, 브랜드-이벤트 일치성, 이벤트-자아 일치성이 소비자의 브랜드 관계의 질에 미치는 영향에 대한 연구, 소비자학연구, 제19권 제2호, pp. 191-213.

최순화 · 이민훈(2006), *소비자의 브랜드 사랑-7가지 사랑의 유형*, 삼성경제연구소.

한상린(2005), Channel equity의 개념과 전략적 활용, *유통저널*, 제3권 128호 통권 207호, pp.28-31.

황병일 · 김범종(2002), 원산지와 제품특성이 구매의도에 미치는 상호작용 효과, *광고학연구*, 제13권 제5호, pp. 201-221.

황병일 · 김범종,(2007), 소비자 선호에 대한 디자인 원산지, 생산 원산지, 부품 원산지 효과, *한국광고홍보학보*, 제9-1호, pp. 30-56.

INDEX

주제어 찾아보기

ㄱ

ㄷ

ㅇ

ㅎ

ABC

INDEX

브랜드 찾아보기

프리미엄 브랜드의 비밀

Secrets of Premium Brand

2009년 2월 27일 제1판 1쇄 인쇄
2009년 3월 3일 제1판 1쇄 발행

저 자 서용구
발 행 인 김은중
발 행 처 서울경제경영출판사
북디자인 우일미디어
주 소 120-808 서울특별시 서대문구 대현동 67-5 대현빌딩 6층
전 화 02) 313-2682
팩 스 02) 313-8860
등 록 1998년 1월 22일 제5-63호

ISBN 978-89-88106-55-6 93320
정가 13,000원